いちばん親切な
着物の教科書
The easiest Kimono Manual

ほっそり見えてお洒落！

大人の半幅帯&兵児帯結び

監修◎オハラリエコ

世界文化社

ひと目でわかる

半幅帯の5つの特徴

帯結びの種類も豊富な半幅帯は、カジュアルシーンをお洒落に彩る人気アイテム。半幅帯の帯結びを始める前に、5つの特徴を知っておきましょう。

特徴 1
「長さ」と「質感」に違いがある

半幅帯の平均的な長さは３ｍ60㎝から４ｍ。ただし、最近は４ｍ以上のものが作られることもあります。一方、アンティークなどの古い半幅帯は比較的短く、中には３ｍに満たないものもあり、同じ半幅帯でも長さにバラツキがあるのです。

また質感にも違いがあり、硬い質感から柔らかい質感のものがあります。

特徴 2
「長さ」や「質感」によって向き不向きな帯結びがある

たっぷりのボリュームでふんわりと可愛らしく結びたい場合は長くて柔らかい素材の半幅帯を、ぺたんこ系でキリリと結びたい場合は短めの帯で硬い質感のものを選ぶなど、結びたい帯結びに適した長さや質感を選ぶといいでしょう。

また、木綿やポリエステルの素材は通年使えますが、透け感のある素材は夏限定となります。

特徴

3

帯結びのベースとなる土台は5パターン

基本的に普段着に合わせるカジュアルな帯になるため、帯結びの種類も多岐にわたります。ほとんどの帯結びが、帯を体に二巻きもしくは三巻きしたあとに「ひと結び」「蝶々結び」「片蝶結び」「真結び」「結ばない」のうちのどれかをベースに形を作ります。本書では、この5つのベースを軸に帯結びを分類して紹介しています。

特徴

4

大事なのは最初に取る「テの長さ」とひと結びしたあとの「テの長さ」

最初に取る「テの長さ」は、帯結びによって異なります。ここがしっかりと取れていると、ベースを結んだあとのテの長さに大幅なズレが生じることもありません。各帯結びに明記されているテの長さは目安です。帯の厚みや帯の硬さに応じて調整しましょう。またタレの長さはお太鼓を作ったり帯結びのメインとなるので、短すぎても長すぎても結びづらくなります。そのため帯結びに適した長さの帯を選ぶことが重要です。

特徴

5

半幅帯の帯結びは兵児帯でも結べる

兵児帯《へこおび》を半分の幅に折れば、本書で紹介する半幅帯の帯結びは、すべて兵児帯で結ぶこともできます。幅を広げることができるので、ボリュームを出すなどのアレンジも可能です。また、ＰＡＲＴ３で紹介する兵児帯の帯結びは、半幅帯でできるものとできないもの、できても仕上がりの形が異なるものとがあります。

目次

PART 3

ボリューミーで華やかな帯結び満載

兵児帯・三重仮紐を使った帯結び

PART 4

8つのテクニックで誰でも着痩せする

オハラ流ほっそり着付け

ほっそり見える

半幅帯結びの5つのポイント

帯結びは簡単なのに、出来上がってみるとなんだかバランスが悪く太って見える。その原因を知ることで、誰でもほっそり体型に見えるキレイな帯結びができるようになります。

point 1

布目に沿って締める

結び目のゆるみは着崩れの原因になります。テとタレを結ぶときは、結び目をはさんでテとタレが一直線になるように引き抜き、経《たて》と緯《よこ》の布目に沿って締めるとしっかりと締まります。

　直線裁ちである着物は、着物を着るときも帯を結ぶときも、布目の方向を意識することで布目が整い、キレイな仕上がりになります。

布目の方向に沿って締める

テとタレが一直線になっていない状態で布目に逆らって締めても締まらず、着崩れや太って見える原因に。

締まりにくい場合

タレは動かさずに支えたまま、テを斜め下方向に締めます。

Advice

布目に沿って締めてもうまく締まらない場合は、一気に締めようとせず、少しずつ締めてみてください。

point 2

体から10センチ以内で動作をする

慣れない動作も多いため、手元を見やすいようにとつい体から手が離れがちですが、これが帯のゆるみの原因に。帯を結ぶときに限らず、着物や浴衣の着付けの動作のほとんどは、体から10センチ以内で行うことが、着崩れることなく着られるコツです。

　脇を締めて肘を体に付け、左右の肩甲骨を寄せるように意識すると、体から近い位置で動作をすることができます。

テとタレを体の近くで結んだ場合

結び目が体の中央にでき、しっかりとキレイに結べます。

NG! 体から離れたところで結んだ場合

結び目が体の中央からずれ、結び目がゆるみがちになります。

Advice

帯を体に巻くときや、テとタレを結ぶときはとくに、体から手が離れがちに。肩甲骨を柔らかくするストレッチをして、体の近くで動作をしやすくしてみましょう。

point 3

和装用クリップを味方につける

はさむ部分にゴムが付いている、着付け用の和装クリップはあると便利なアイテムです。帯がゆるまないよう固定したり、締めるときの補助になったり、帯結びの型崩れを防いだりします。クリップを使うことで両手もフリーになり、結ぶときの動作もしやすくなります。

いろいろなサイズがありますが、使い勝手がいいのは7センチ前後の大きさです。

Advice

最低2個あると、着付けと帯結びが楽にできます。洗濯ばさみは固定する力が弱く、生地が傷む可能性もあるためおすすめできません。

固定する

両手がフリーになるので動作がしやすい

テの長さを決めたら左胸の帯下で、帯板と一緒にクリップでとめて固定します。

二巻きしたら、タレと帯板を一緒に右胸の帯下でクリップで固定することで帯のゆるみを防げます。

締める

締める動作がラクチンに

一巻き目と二巻き目で帯を締めるときに、テ元と帯板を一緒にとめたクリップを押さえながらタレを引くと、締めやすくなります。

型崩れを防ぐ

前で結んだ帯を後ろへ回すときに、帯結びをクリップで数ヶ所とめておくと、型崩れを防げます。とくに帯板の上にテを入れて垂れを作る帯結びは崩れやすいので、クリップでとめることをおすすめします。

point 4

黄金バランスを知る

おしりが丸出しになる形が多い半幅帯の帯結びは、バランスが悪いと太って見えることも。とくに、大人っぽく粋な印象の矢の字や吉弥結びなどのぺたんこ系の帯結びは、アシンメトリーで複雑な形も多いのでバランスが難しいことも。胴帯からはみ出る帯の長さをすべて揃えることで、バランスよく仕上がります。

Advice

年齢を重ねるとヒップラインも下がってきがちなので、垂れのある帯結びがおすすめです。その際、垂れのエンドラインのベストな位置を知っておくと、どんな帯結びもバランスよく形が決まります。

おしりから目線を外す3ポイント

BAD!

小さすぎる帯結びは小学6年生のランドセル状態に！

1.
帯結びは胸幅がベスト
2.
帯結びの上線は
ブララインで
まっすぐに
3.
エンドラインは
下のほうにして
おしりをカバー

ぺたんこ系は1：1：1

前結びでは
エンドラインは足の付け根を目安に

1
おしりの割れ目の始まりまで
エンドラインを下げる

point 5

崩れない回し方をマスターする

前で結んだ帯結びをうまく後ろへ回せずに、形が崩れてしまう。その原因は「着物や浴衣の脇の布が引っかかる」「一巻き目がゆるんでいる」「滑りにくい素材の伊達締めを使っている」「帯板が小さすぎる」ことなどが考えられます。

伊達締めは正絹素材が、帯板はベルト付きがおすすめです。

Advice

ベルト付きの帯板は、ゆるいくらいがちょうどよく、締めすぎると回しにくくなります。回し方の基本は90度を二度回し。その際、p.8で紹介した和装用クリップを使うと、型崩れ防止になります。

着物や浴衣の脇の布を整える

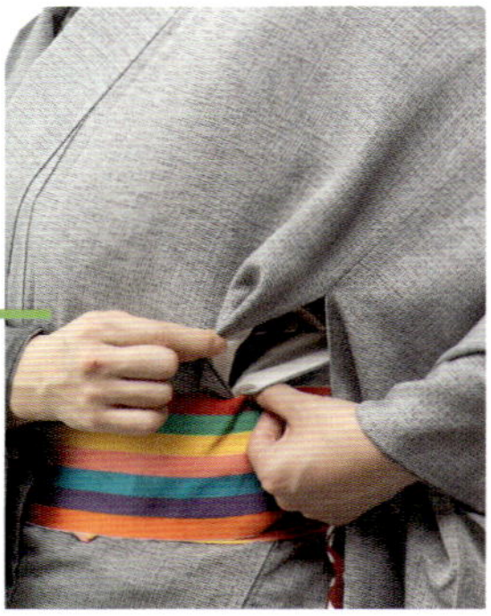

伊達締めを締めたら、後ろ身頃の身《み》八《や》つ口《くち》の余った布を、前身頃の中に入れます。

前身頃を後ろに倒します。帯は必ず右回しに回すので、前身頃が後ろ身頃の上に重なるようにします。

伊達締めの下側の脇縫いを下に引いて、上半身の空気を抜きます。

一巻き目もしっかり締める

一巻き目が二巻き目よりもゆるいと、帯を回したときに一巻き目のたるみが引っかかってしまいます。一巻き目も二巻き目も同じ締め加減にします。帯を締めるときは和装用クリップが便利です。

外出先で帯が下がってきたら

背中側の胴帯の内側にハンドタオルを入れて応急処置します。

PART
1

帯結びを始める前に覚えておきたい
基本の「キ」

半幅帯の帯結びには、基本となる巻き方のほか、帯結びのベースとなる結び方が5パターンあります。
これらをあらかじめマスターしておくことで、半幅帯の帯結びが驚くほどスムーズになります。

step **1**

巻き始める前に覚えておきたい

テの巻き始め3タイプ

半幅帯の帯結びのほとんどが、最初にテの長さを決め、半分に折ってから巻き始めます。巻き始めの形には3タイプあるので、自分にとって一番やりやすい方法を選んでみましょう。タイプ2と3はさらに2パターンの方法に分かれますが、こちらも好みで選ぶことができます。

Advice

フラットな仕上がりになるのはtype1ですが、最終的にテのワ（山折りになっている側）が下になっていればどの方法でも問題ありません。結んでいるうちにゆるんでくる方は、タイプ2、3のパターン2がおすすめです。

type 1

帯幅を半分に折ってから巻く

名古屋帯のたたみ方のように、真ん中で幅が半分に折りたたまれるようにします。
※実際には体に帯を当ててからこの形にします。

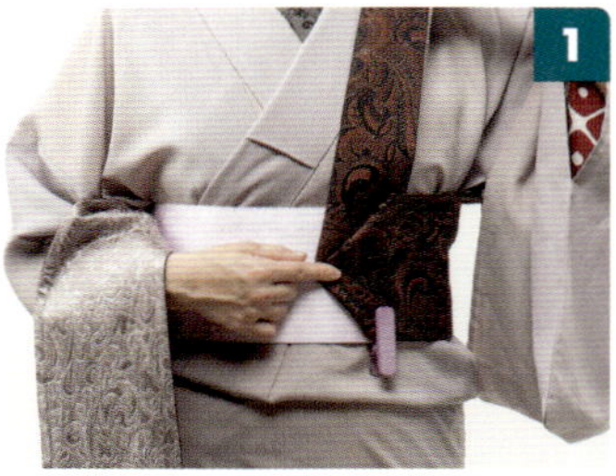

テの長さを決めたテ元を体の中央に置き、左胸の帯下をクリップでとめて固定します。

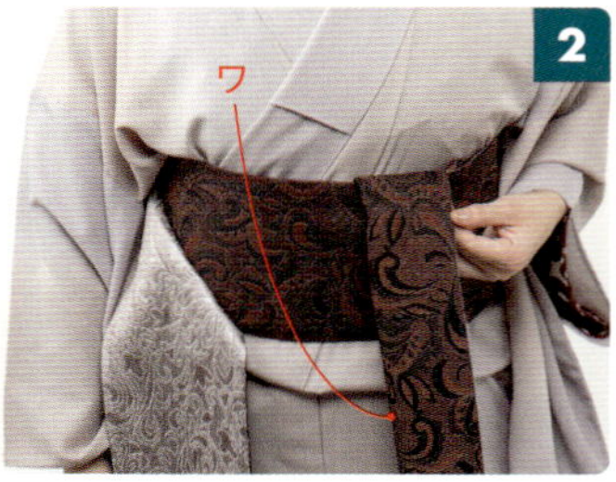

帯を体に二巻きしたら、テを下ろします。

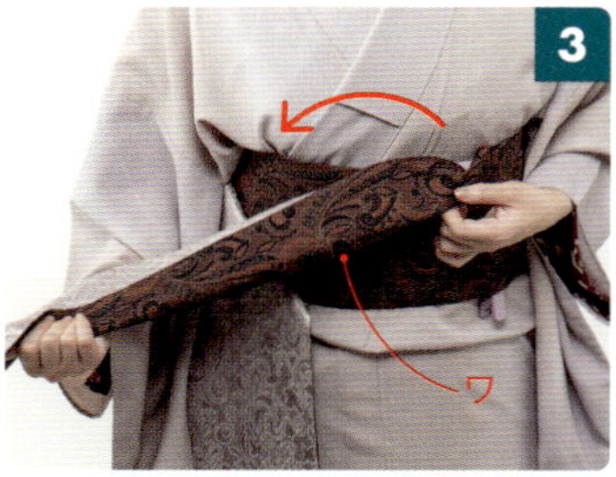

下ろしたテを右側(内側)にひっくり返して、ワが下になるようにします。

type 2 テを外側に折る

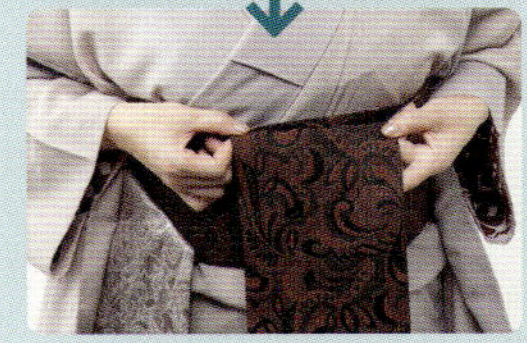

テを外側に折り上げてから体に二巻きし、テを下ろします。

パターン1

テの左端を右側（内側）に折り重ねて幅を半分にし、ワが下にくるようにします。

パターン2

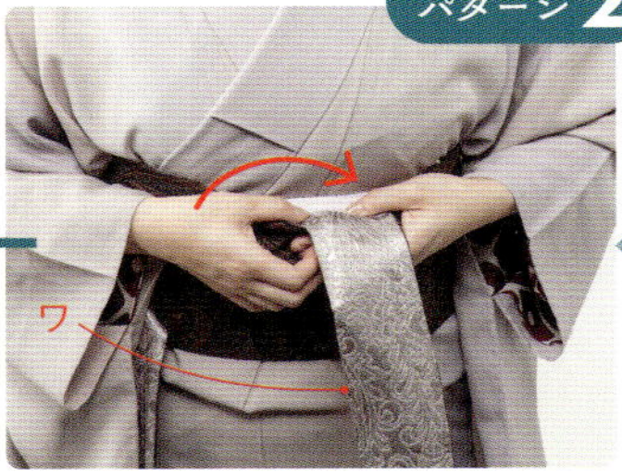

テの右端を左側（外側）に折り重ねて、幅を半分にします。

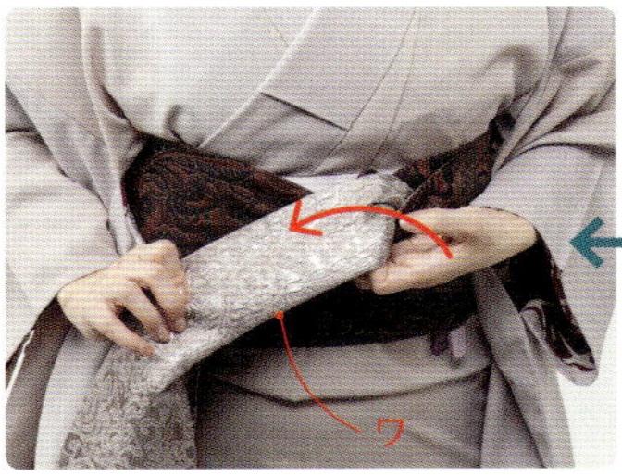

幅を半分に折ったテを右側（内側）に倒して、ワが下にくるようにします。

type 3 テを内側に折る

テを内側に折り上げてから体に二巻きし、テを下ろします。

パターン1

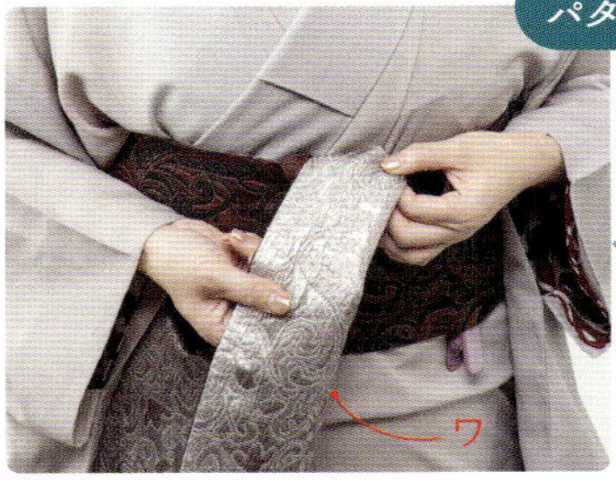

テの左端を右側（内側）に折り重ねて幅を半分にし、ワが下にくるようにします。

パターン2

テの右端を左側（外側）に折り重ねて、幅を半分にします。

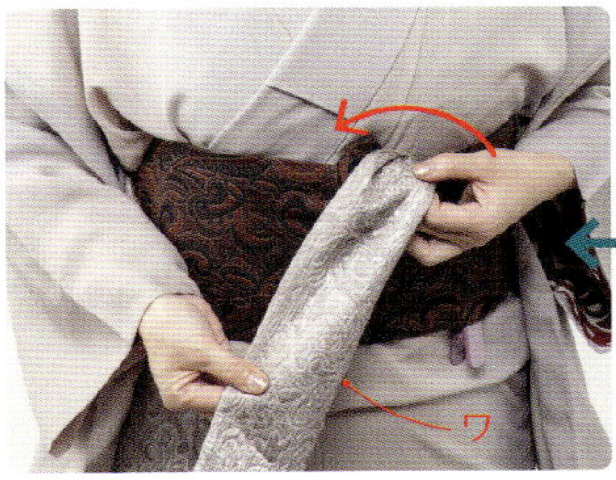

幅を半分に折ったテを右側（内側）に倒して、ワが下にくるようにします。

step **2**

基本の巻き方をマスターしましょう

結ばずにたたんで形をつくるカルタ系と兵児帯の帯結びの一部以外は、基本の巻き方はほぼ同じです。和装クリップを活用して、ゆるみが出ないよう巻くのがポイントです。とくに背中に帯を当てる際、帯をきちんと背中に密着させることで一巻き目のゆるみ防止になります。

1 帯板を付ける

オハラ流で使うのはベルト付きの帯板。ベルトがきついと最後帯を回すときに回しづらいので、手がすっぽりと入るくらいの余裕を持たせてから体に装着します。

2 背中に帯を当てる

2 後ろに回して両手で持つ。

3 背中の高い位置に広げて密着させる。

4 帯の下側を持つ。

3 テの長さを決める

最初にテの長さをきちんと取ることが、帯結びを成功させる秘訣でもあります。本書では各帯結びに、最初に取るテの長さを表記してあります。最小数値と最大数値を表記しているので、帯が硬かったり厚みがある場合は長めに、逆に柔らかい素材は短めに取るといいでしょう。

4 体に巻き始める

1　❸で決めたテの元と帯板を一緒に下側でクリップでとめます。これでテの長さが固定され、また上から帯板が見えてくることもありません。

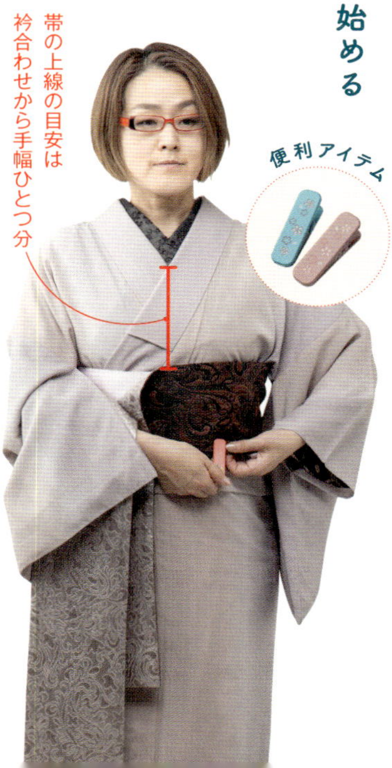
帯の上線の目安は衿合わせから手幅ひとつ分
便利アイテム

2　ここではテを外側に折り上げてから巻き始めていますが、テの処理はp.12 ～ 13を参考に、好みの方法を選びます。
※カルタ系と兵児帯の帯結びの一部は、テは上げず折り下げたまま巻き始めます。

5 締める

クリップを押さえて

体に一巻きしたら、❹でとめたクリップを押さえながら、タレの下側を持って引き締めます。二巻き目も同様に締めます。帯は長さや体型に応じて、二巻きから三巻きします。

6 ゆるまないよう固定する

二巻きか三巻きしたら、タレと帯板を一緒にクリップでとめて固定し、帯がゆるまないようにします。これにより両手もフリーになり、次の動作がしやすくなります。

7 テとタレを結ぶ準備をする

p.12 ～ 13を参考に、テを下ろして結ぶ準備をします。

8 帯結びの土台を作る

真結び

片蝶結び

蝶々結び

ひと結び

ベースは5種類。「ひと結び」「蝶々結び」「片蝶結び」「真結び」そして結ばずに「たたむ、もしくは、ねじる」。いずれかのベースを作ったら、いよいよメインの帯結びです。

step 3

帯結びのベースとなる5パターンをマスターしましょう

凝った帯結びになればなるほど手数が多くなる半幅帯の帯結びですが、そのほとんどが5つのベースから作られています。これらをマスターすれば、あとはアレンジのみ。テとタレを結ぶ際、どちらを上にして交差させるかも大切なポイントになるので、テとタレを意識するといいでしょう。

テの長さを決めて、体に二巻きするまでの基本は共通プロセス。ただし、カルタ系や兵児帯結びの一部は異なり、巻き始めはテを下に下ろします。詳しくはp.66〜67のプロセスで解説してあります。

帯に柄がある場合は、それに応じて左巻きか右巻きかを決めます。

パターン1 ベースが ひと結び

◉タレをたたまずに結ぶ

タレを上、テを下に交差させてひと結びします。タレの幅はたたまずに結ぶため、フラットで大きな結びになるのが特徴です。タレを完全に引き抜くひと結びと、タレ先を残してタレを引くひと結びがあります。

◉タレを細くたたんで結ぶ

タレを内側に斜めに折り上げて細くたたみます。**タレを上、テを下**に交差させてひと結びします。

地厚の帯の場合、さらにねじると結び目が小さくなります。

ベースが 蝶々結び

パターン 2

最初に取るテの長さ

⟶ タレと同じ

※10cmくらいの誤差であれば帯結びに影響しません。

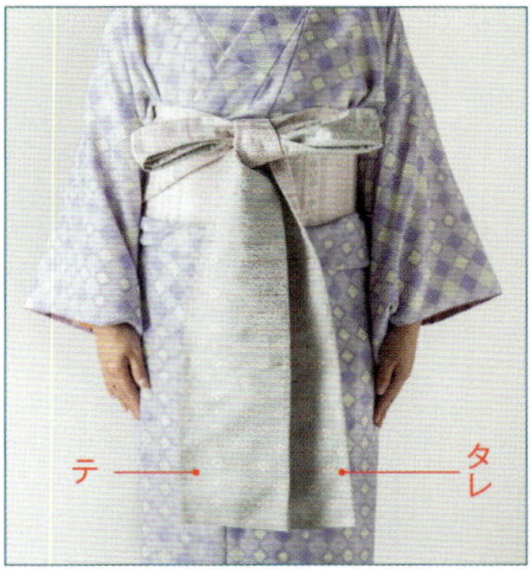

タレを上、テを下に交差させてひと結び

細くたたんだ**タレを上、テを下**に交差させて、タレが上に出るようにひと結びします。結び目は帯の上線から下がらないように気をつけます。

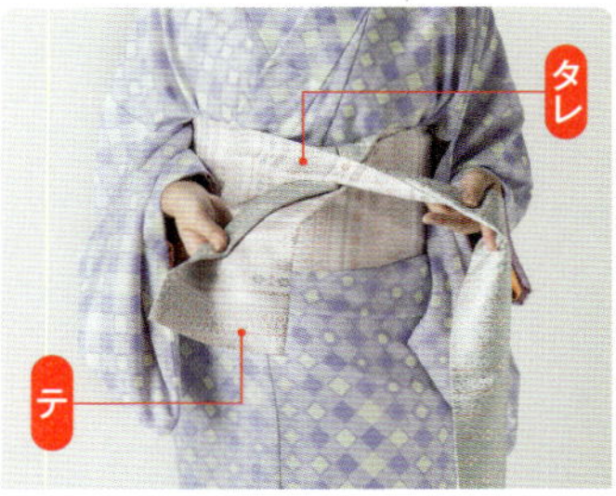

下に出たテの幅を、結び目の際からきれいに半分に整えます。

テを結び目の際から手幅ひとつ分のところで内側に折り、羽根を作ります。

上に出たタレも幅を半分に整えて、テで作った羽根にかぶせ下ろします。

かぶせ下ろしたタレでテの羽根をくるむようにします。

テの羽根をくるんだタレを、タレでできた輪の中にくぐらせます。

くぐらせたタレを、テで作った羽根と同じ長さになるまで引き抜きます。

結んだあとのテとタレの長さを同寸にする手順

1 体に巻く前に、帯の長さを半分に折ります。
2 半分に折ったワから身幅をひとつ分はかります。
3 さらに身幅をはかります。
4 Aを左胸の下に当てます。
5 下側に重なった帯から手を外します。帯板と胴帯の下側を一緒にクリップでとめます。ここがテの元になります。あとはp.15のプロセス4～7の手順で体に巻き、蝶々結びをすればテとタレの長さはほぼ同寸になります。

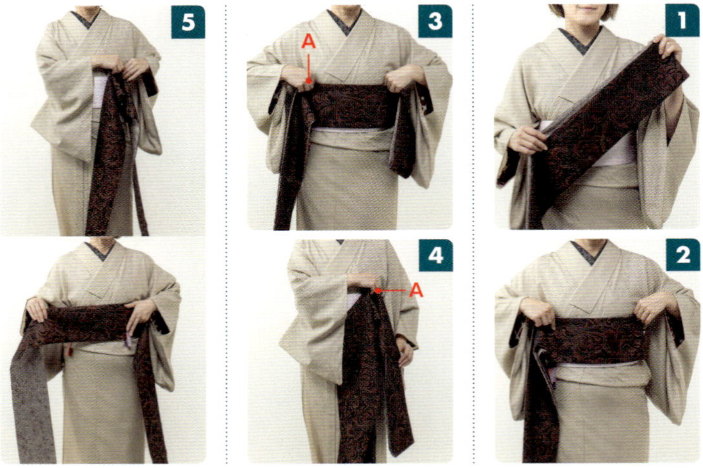

パターン 3 ベースが 片蝶結び

最初に取るテの長さ
→ 20～30cm

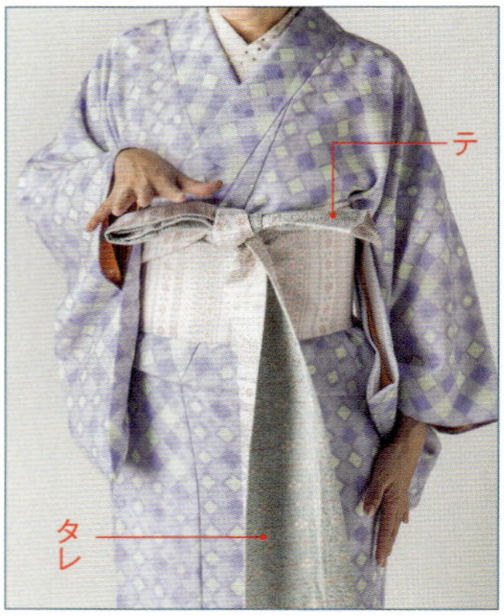

タレを上、テを下に交差させてひと結び

細くたたんだ**タレを上、テを下**に交差させて、タレが上に出るようにひと結びします。結び目は帯の上線から下がらないように気をつけます。

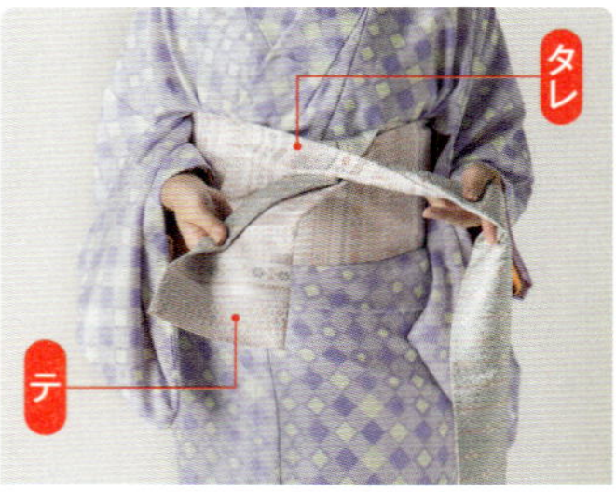

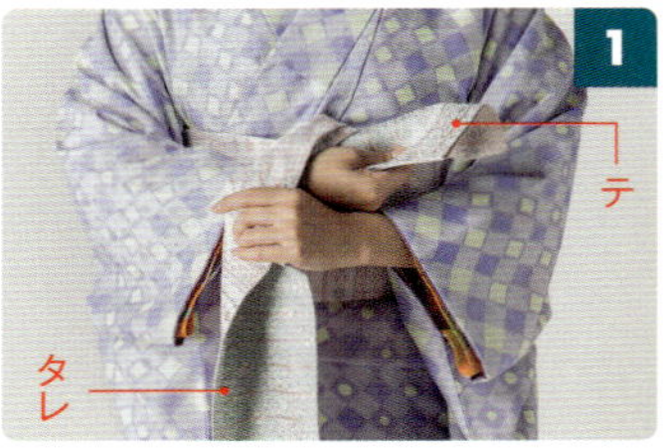

下側のテを結び目の際から逆側に振り、タレをかぶせ下ろします。

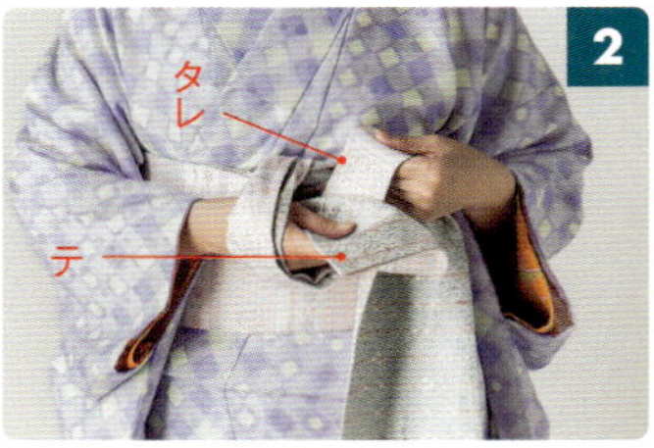

かぶせ下ろしたタレで、テを下からくるむようにします。

くるんだタレを2でできたタレの輪に通し、テと同じ長さまで引き抜いて羽根を作ります。

ベースが 真結び

パターン 4

最初に取るテの長さ
→ 帯結びによる

テを上、タレを下に
交差させてひと結び

細くたたんだ**テを上**、**タレを下**に交差させて、テが上に出るようにひと結びします。結び目は帯の上線から下がらないように気をつけましょう。

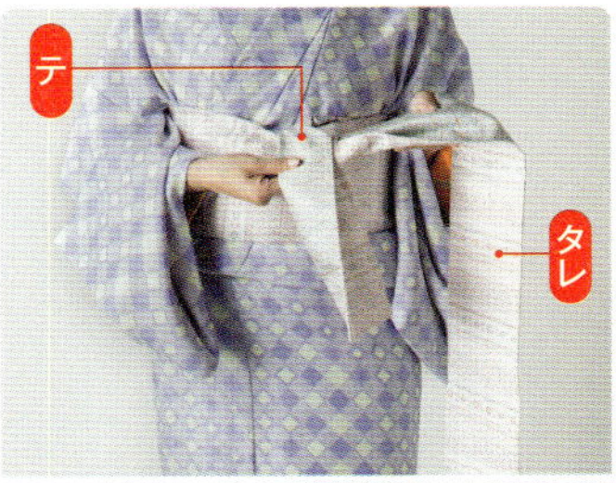

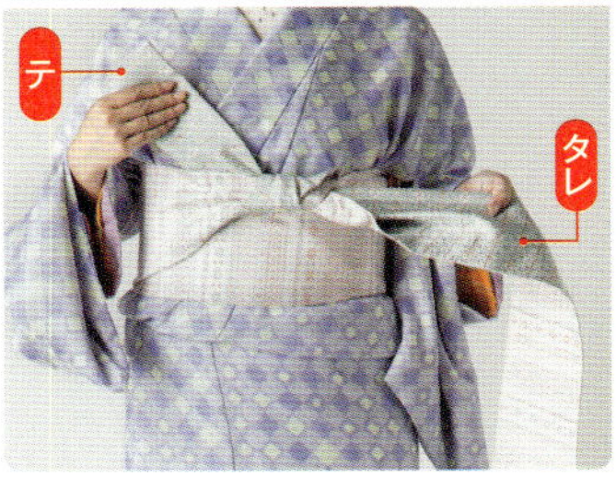

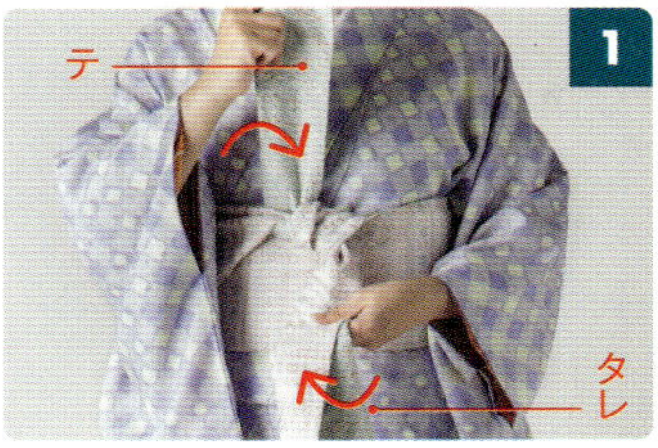

テとタレをそれぞれ回転させて、テとタレをまっすぐにします。

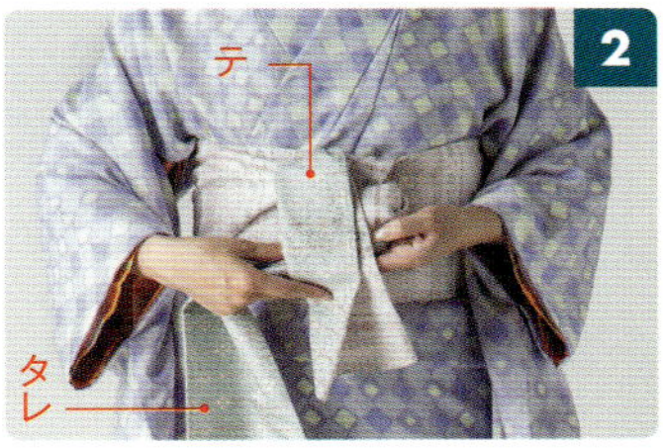

タレを結び目の際からやや右側に振り、テをその上にかぶせ下ろします。

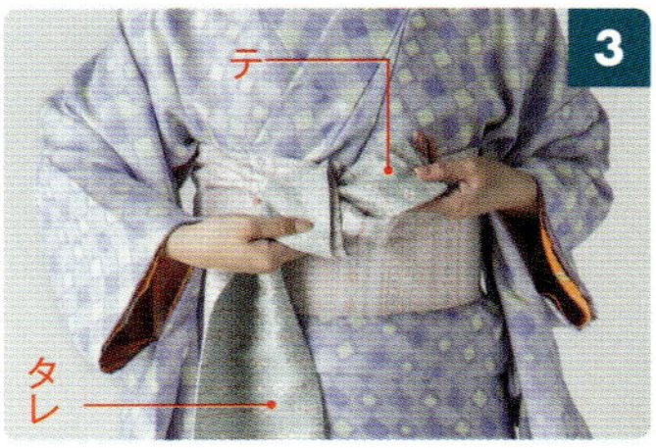

かぶせ下ろしたテをタレの下から上にくぐらせます。

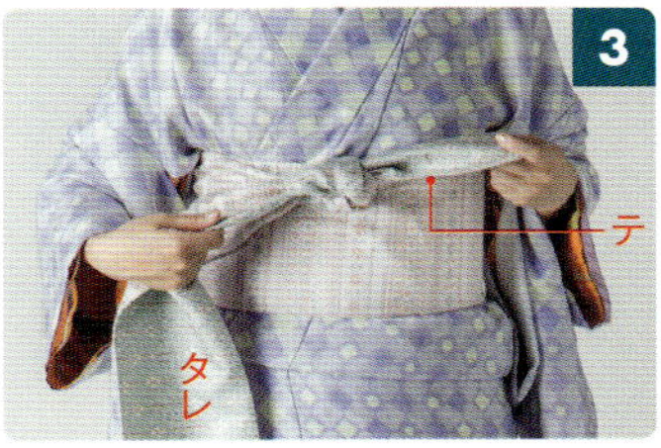

テを完全に引き抜いたら、テとタレを引き締めます。

ベースを 結ばない

パターン 5

◎たたむ

折り紙を折るように、たたんで形作ります。カルタを代表とするベースで、巻き始めはテを下に下ろします。

◎ねじる

巻き方はほかのベースと共通ですが、結び目がないのでフラットな仕上がりになります。

おしり丸見え問題で悩んでいませんか？

前で結べて気軽な半幅帯ですが、おしりが丸見えな帯結びが、体型を太く見せることも。
考えられる3つの原因を解消して、ほっそりした後ろ姿を目指しましょう。

原因 1

形のバランスが悪い

↓

ぺたんこ系の黄金バランスは1：1：1

胴帯からはみ出る帯の長さをすべて揃えると、バランスよく形がまとまります（p.9参照）。この法則さえ守れば、小さく結んでも体が太く見えることはありません。

原因 2

エンドラインが短い

↓

エンドラインはおしりの割れ目

前結びの場合は足の付け根にエンドラインがくるように結ぶと、おしりがしっかりと隠れます（p.9参照）。

原因 3

おはしょりがグシャグシャ

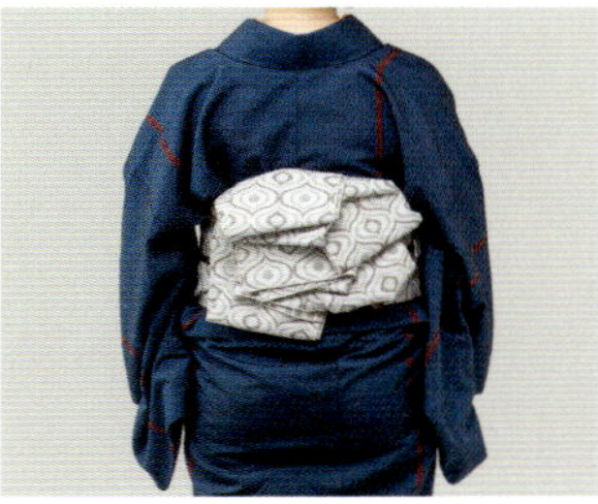

↓

手刀は一気に、反り腰の人は補整をします

うしろのおはしょりを作るときは、一気に手刀でおはしょりの底線を作ります。反り腰の人は腰と帯の間を埋めるよう、補整をするといいでしょう。

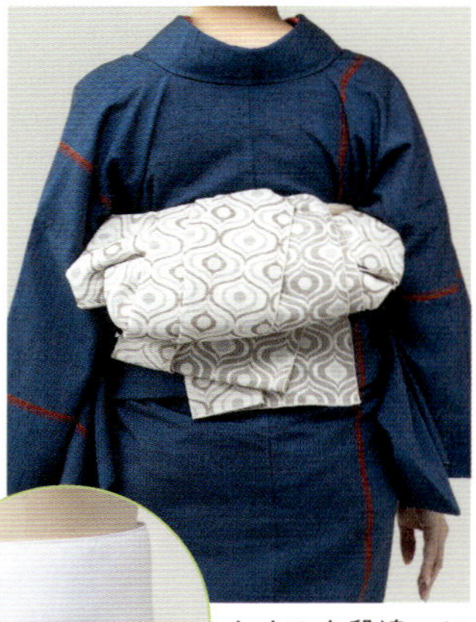

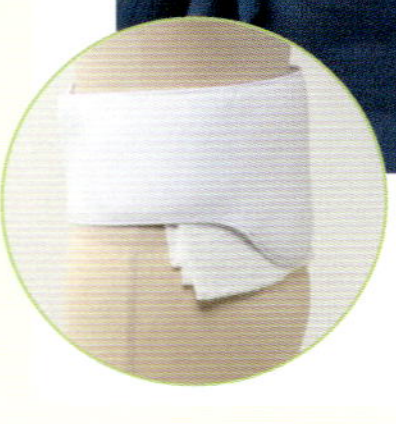

タオルを段違いにたたんで補整にします（p.118参照）。

PART 2

ベースは「ひと結び」「蝶々結び」
「片蝶結び」「真結び」「結ばない」

5つのベースから作る半幅帯の帯結び

自由度が高い分、複雑な形も多い半幅帯の帯結び。
手数も多く一見難しそうですが、
5つのベースをマスターすれば、あとはアレンジするだけ。
最初にしっかりとテの長さを取るのがポイントです。
帯地に厚みや硬さがある場合は、
表示よりもやや長めにテを取ります。

各帯結びに表示されているカルテのマークについて

1:1:1の法則

胴帯からはみ出る帯の長さを均一に揃えることで、バランスよく結べます。

細見え

とくに仕上がりがほっそり見える帯結びです。

帯揚げ

帯揚げが必要な帯結びです。

帯締め

帯締めが必要な帯結びです。

矢の字

1：1：1の法則でバランスよく。ぺたんこ系の基本の結び方です。ゆるみやすいので、気になる場合は最後に帯締めをするといいでしょう。

1:1:1の法則　細見え

ベストな帯の長さ		
340～380㎝		
ベストな帯の質感		
柔らかめ	普通	硬め
最初に取るテの長さ		
60～80㎝		
難易度		
★★★☆☆		

START

タレを上、テを下に交差

帯を二巻きか三巻きしてクリップで固定したら、体の近くで**タレを上**、**テが下**になるよう交差させます。

Aを押さえながらタレ元から折り上げて、タレ先を残してひと結びします。布目に沿って斜めに締めます。

足の付け根までタレ先を残して垂れを作ります。布目に沿って斜めに締めたあと、タレ全体をまっすぐに整えます。

細見え point!

結び目をしごいてフラットに整えます。

タレを真下に下ろし、胴帯との際にシワが寄らないようまっすぐに整えます。

5

タレを胴帯の下線から斜め内側に折り上げます。

6

タレでできた輪の中に、テ先から入れて引き抜きます。形を整えて後ろへ回します。

arrange

矢の字返し

380～400㎝の帯がおすすめ。手元を見すぎると形が崩れがちに。面が広がるため、小尻効果ものぞめます。

1:1:1の法則　細見え　帯締め

1

矢の字よりも長めにテを取り、矢の字の**5**まで進めます。タレと折り上げた角を一緒にクリップでとめます。人差し指一本分をはかり、斜め内側に折ります。

2

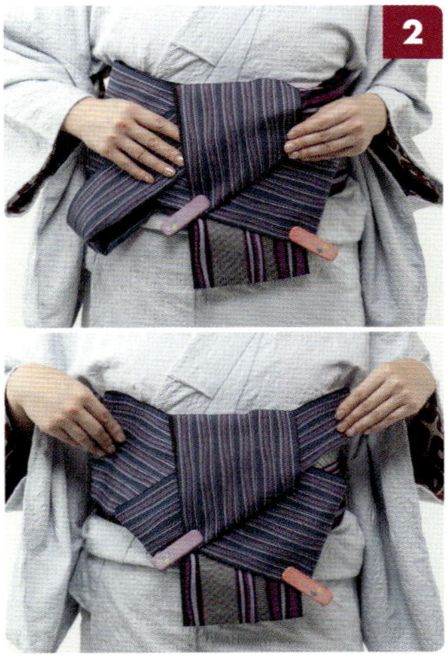

クリップで形を固定してから、タレでできた輪の中にテ先から通します。

3

形を整えて帯締めを仮結びし、後ろへ回します。帯締めを結び直します。

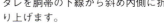

くノ一

締める角度と方向がポイントです。アシンメトリーに形作りますが、左右の垂れの長さとテ先の羽根の長さを揃えると、バランスよく結べます。

1:1:1の法則　細見え

ベストな帯の長さ		
360～380㎝		
ベストな帯の質感		
柔らかめ	普通	硬め
最初に取るテの長さ		
60～80㎝		
難易度		
★★★★☆		

START

タレを上、テを下に交差

帯を二巻きしてクリップで固定したら、体の近くで**タレを上**、**テが下**になるように交差させます。

Aを押さえながら、タレ元から折り上げて、足の付け根までタレ先を残してひと結びします。布目に沿って斜めに締め、結び目をしごきます。

タレを下に下ろし、タレ先と長さを合わせて外側に折り上げます。

折り上げたタレを、**B**から胴帯の一巻き目と二巻き目の間に入れて、下から引き抜きます。

胴帯の二巻き目の上端を内側に折り、フラットに整えます。

結び目をしごいて整えます。

タレでできた輪の中にテ先から入れて引き抜きます。形を整えて後ろへ回します。

arrange

枝垂れくノ一

360～400㎝の帯がおすすめ。テ先を垂らすことで帯結びが崩れにくくなります。

くノ一よりテを長く取り、テ先を下に垂らして羽根にします。

1:1:1の法則　細見え

貝の口

垂れがないので小尻効果はありませんが、小粋な雰囲気が人気の帯結びです。長い帯で結ぶ場合は、体に三巻きして調整します。

1

1:1:1の法則

ベストな帯の長さ		
～350㎝		
ベストな帯の質感		
柔らかめ	普通	硬め
最初に取るテの長さ		
60～80㎝		
難易度		
★★☆☆☆		

START

タレを上、テを下に交差

帯を二巻きか三巻きしてクリップで固定したら、体の近くでタレを上、テが下になるよう交差させます。

A
タレ
テ

A
1

Aを押さえながらタレ元から折り上げて、タレを完全に引き抜いてひと結びします。布目に沿って斜めに締めます。

細見え
point!
しごく
2

結び目をしごいて整えます。

整える
3

タレを下ろし、胴帯との際にシワが寄らないようにまっすぐ整えたら、テと同じ長さになるようタレを内側に折ります。

タレを斜め上に折り上げます。

タレでできた輪の中にテ先を入れて引き抜いたら、形を整えて後ろへ回します。

テ先を下に垂らして羽根にします。

arrange

枝垂れ貝の口

垂らすテ先は帯幅の半分くらいにすると、バランスよく仕上がります。

吉《きち》弥《や》結び

締める角度と方向がポイントです。アシンメトリーに形作りますが、垂れの長さと左右の羽根の長さを揃えるとバランスよく結べます。

1:1:1の法則　細見え　帯締め

ベストな帯の長さ		
340～380㎝		
ベストな帯の質感		
柔らかめ	普通	硬め
最初に取るテの長さ		
60～80㎝		
難易度		
★★★☆☆		

START

タレを上、テを下に交差

帯を二巻きか三巻きしてクリップで固定したら、体の近くでタレを上、テが下になるように交差させます。

Aを押さえながら、タレ元から折り上げてタレを完全に引き抜き、ひと結びします。布目に沿って締めます。

結び目をしごいて整えます。

タレを真下に下ろし、胴帯との際にシワが寄らないよう、まっすぐ整えます。

4

タレ先を胴帯の下線まで折り上げます。タレ下を持ち、内側に折り上げます。折り上げたタレを固定するため、帯板と一緒にクリップでとめます。

5

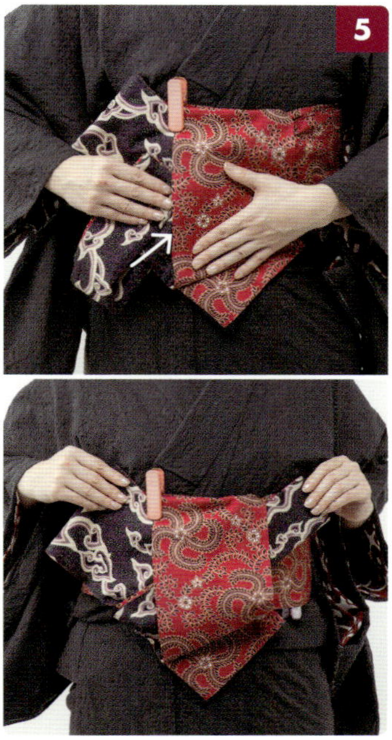

タレでできた輪の中に、テ先から入れて斜めに引き抜きます。

6

テの上に帯締めを通して仮結びします。帯を後ろに回して帯締めを結び直します。

arrange

吉弥テ先開き

テをたたまずに結びます。テはできるだけ根元から開くことがポイントです。

体に帯を巻く際、テの幅は半分にはせず、開いたまま巻き始めます。その後の結び方は吉弥結びと同じです。

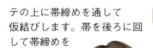

片ばさみ

江戸時代の武士が好んで結んだ帯結び。短めの帯でも結べます。テ先とタレ先は両腰骨にかかるくらいに開くと、格好よく仕上がります。

1:1:1の法則

ベストな帯の長さ		
260㎝～320㎝		
ベストな帯の質感		
柔らかめ	普通	硬め
最初に取るテの長さ		
30～40㎝		
難易度		
★☆☆☆☆		

START

タレを上、テを下に交差

帯を二巻きか三巻きしたら、上でめいっぱいに広げた長さを目安にタレの長さを決めて、あまりを内側に折ります。体の近くで**タレを上**、**テが下**になるよう交差させます。

1

Aを押さえながら、タレ元から折り上げます。完全にタレを引き抜き、ひと結びします。布目に沿って斜めに締めます。

細見え point!

2

結び目をしごいて整えて、タレ元にシワが寄らないようにします。
※写真はわかりやすいようにタレをクリップでとめています。

3

一番外側の胴帯の内側に、タレ元から入れて、下から引き抜きます。

サムライ

浪人結びとも呼ばれる帯結び。テは短くなりすぎないように取ることで、上に羽根がしっかりと出て、背中が華奢に見えます。

1:1:1の法則

ベストな帯の長さ		
300cm～340cm		
ベストな帯の質感		
柔らかめ	普通	硬め
最初に取るテの長さ		
60～80cm		
難易度		
★★☆☆☆		

START

タレを上、テを下に交差

帯を二巻きか三巻きしたら、身幅プラス10～15cmくらいを目安にタレの長さを決めて、あまりを内側に折ります。体の近くで**タレを上**、**テが下**になるように交差させます。

Aを押さえながら、タレ元から折り上げ、完全にタレを引き抜き、ひと結びします。布目に沿って斜めに締めて、結び目をしごいて整えます。

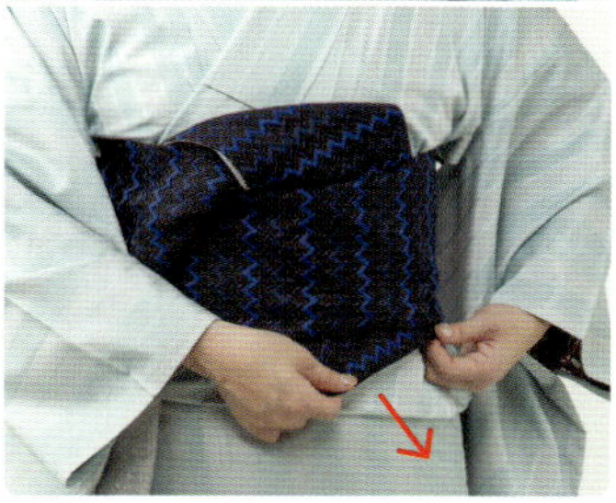

一番外側の胴帯の内側に、タレ先から入れて、下から引き抜きます。

タレでできた輪の中に、テ先から入れて上に引き抜き、形を整えて後ろへ回します。

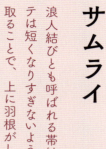

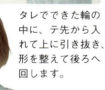

サムライレイヤー

サムライ結びをした際、長く取ったタレでレイヤーを作ることで立体感が生まれ、サムライとは異なる雰囲気を楽しめます。

帯揚げ

ベストな帯の長さ		
380cm〜		
ベストな帯の質感		
柔らかめ	普通	硬め
最初に取るテの長さ		
60 〜 80cm		
難易度		
★★★★☆		

START

タレを上、テを下に交差

帯を体に二巻きしたら、タレが上、テが下になるよう交差させます。

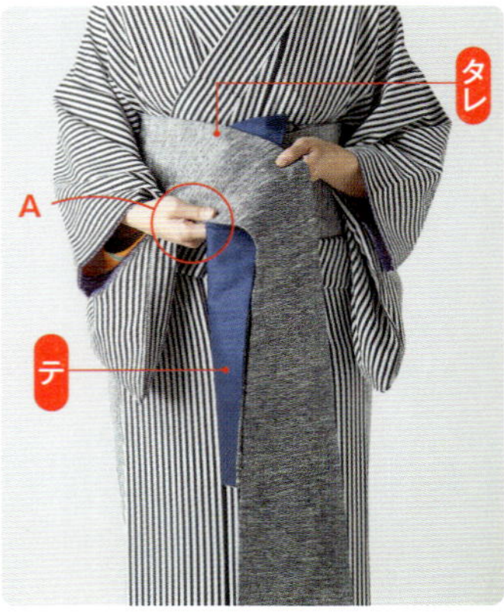

細見え
point!

Aを押さえながら、タレ元から折り上げ、完全にタレを引き抜き、ひと結びします。布目に沿って斜めに締め、結び目をしごいて整えます。

arrange

枝垂れサムライ

サムライのアレンジ結び。垂らすテ先を立体的に整えると、こなれた雰囲気になります。

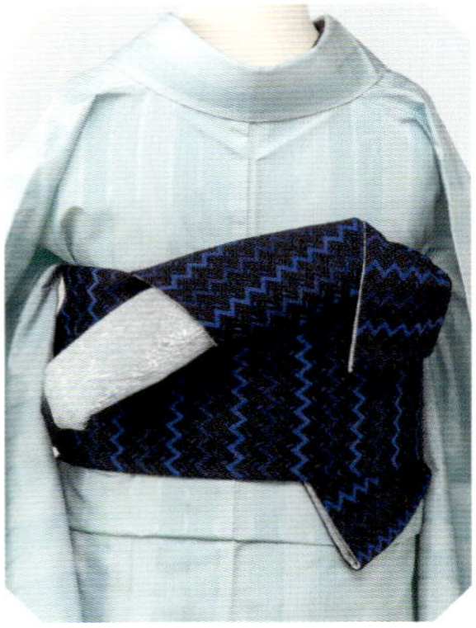

長めのテ先を折り下げて、羽根にします。

結び目の際からテを半分の幅に整えて、斜めに折り上げます。

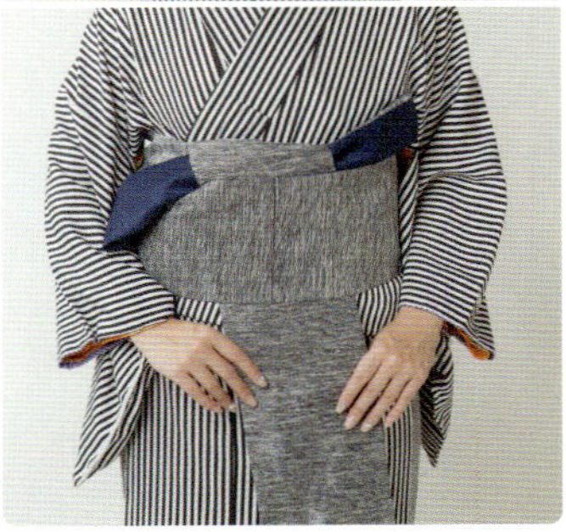

タレをテにかぶせるようにして、体に巻いた胴帯の中にタレ先から入れて、下から引き抜きます。

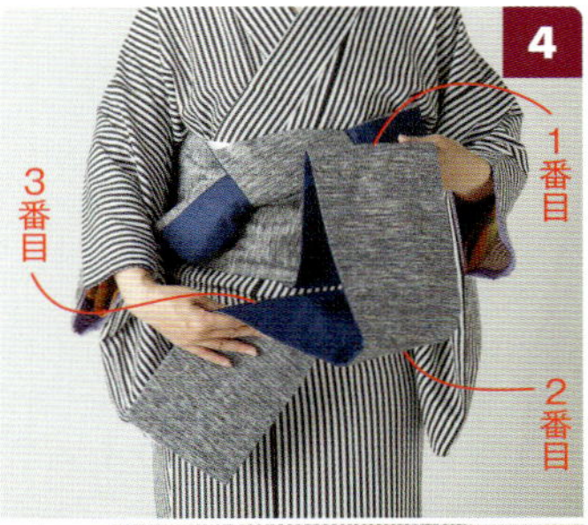

タレを四等分にし、1番目と3番目の山を持ち上げて帯山を作ります。帯揚げを帯山の内側に通して仮結びし、帯を後ろに回して帯揚げを結び直します。

arrange

サムライリボン

サムライレイヤーのアレンジ結び。タレのたたみ方を変えるだけで異なる雰囲気になります。

サムライレイヤーのプロセス**3**まで行ったら、タレを三等分し、1番目とタレ先を持って帯山を作ります。

帯山を胴帯の上まで持ち上げて、胴帯からはみ出した帯山を胴帯の中に深く差し込みます。形を整えて後ろへ回します。

二段のしめ

サムライ結びのテ先の羽根を二枚重ねて、より華やかにした帯結び。羽根の向きを変えることで、異なる表情を楽しめます。長めの半幅帯に向いています。

1:1:1の法則　細見え

ベストな帯の長さ		
430㎝～		
ベストな帯の質感		
柔らかめ	普通	硬め
最初に取るテの長さ		
150～180㎝		
難易度		
★★★★★		

START

タレを上、テを下に交差

帯を二巻きしたら、体の近くで**タレを上**、**テが下**になるように交差させます。

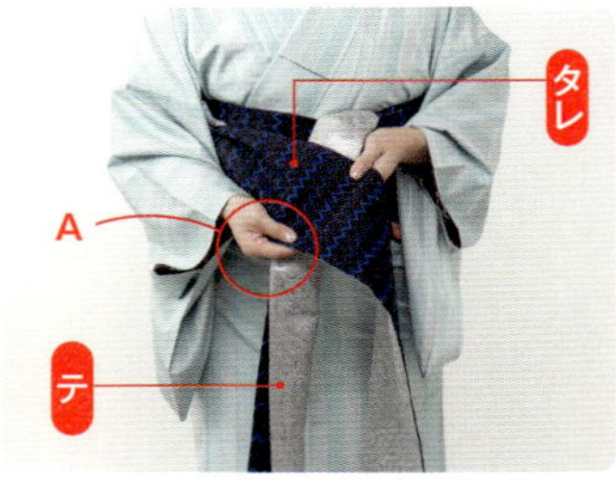

Aを押さえながらタレ元から折り上げます。完全にタレを引き抜き、ひと結びします。布目に沿って斜めに締めます。

細見え
point!

結び目をしごいて整えます。

タレを下に下ろし、胴帯との際にシワが寄らないよう整えてから、タレを足の付け根から外側に折り上げます。ここが垂れになります。

一巻き目と二巻き目の間に、**3**で折ったところからタレを入れて、下から斜めに引き抜きます。余ったタレ先を逆側に斜めに下ろします。

テ元から結び目の流れに沿ってテを斜めに折り上げます。黄金バランスに従って、垂れの長さと同じくらいを残して外側に斜めに折り下げ、さらにやや短くなるよう折り上げます。

重なったテ先をテとタレの結び目の輪の中に通して引き抜きます。羽根と垂れの流れを左右に整えて後ろへ回します。

角《つの》出《だ》し風太鼓

こなれた後ろ姿に見える角出しを、半幅帯で表現しました。重心を下げると、小粋な雰囲気に仕上がります。テとタレを同寸にするのがポイントです。

細見え　帯揚げ　帯締め

ベストな帯の長さ		
350㎝～380㎝		
ベストな帯の質感		
柔らかめ	普通	硬め
最初に取るテの長さ		
テとタレは同寸		
難易度		
★★☆☆☆		

テの準備

1～**5**のプロセスで「テとタレは同寸」になります

帯の長さを半分に折ります。

半分に折ったワから、身幅をはかります。

さらに身幅をはかります。

Aを左胸の下に当てます。

下側に重なった帯から手を外します。帯板と胴帯の下側を一緒にクリップでとめます。この位置がテの元になります。

START

タレを上、テを下に交差

体に二巻きから三巻きしたら、タレを脇から内側に斜めに折り上げて、**タレを上**、**テを下**に交差させます。

1

タレ元から折り上げます。完全にタレを引き抜き、ひと結びします。布目に沿って斜めに締めます。このときテとタレは同寸になります。

2

テ先とタレ先を少し重ねて、一緒にクリップでとめます。

3

胴帯とテ元、タレ元を手のひらで押さえながら、もう一方の手でテとタレを胴帯の上まで折り上げます。

4

折り上げたテとタレを帯山にし、内側に帯揚げを通して仮結びします。

5

足の付け根のラインに帯締めを当て、帯締めとテとタレを一緒に持って内側に折ります。

文庫リボン

羽根と垂れをしっかりと取ることで、背中からおしりの体型カバーになります。大人の可愛さを演出できる、華やかな帯結びです。

細見え　帯締め

ベストな帯の長さ		
420㎝〜		
ベストな帯の質感		
柔らかめ	普通	硬め
最初に取るテの長さ		
90 〜 120㎝		
難易度		
★★★☆☆		

START

タレを上、テを下に交差

帯を二巻きしてクリップで固定したら、タレを脇から内側に斜めに折り上げて、**タレを上**、**テを下**に交差させます。

6

5を片手に持ち替えて、もう片方の手でさらに折り上げてお太鼓を作ります。お太鼓の底線を胴帯の下線に合わせて帯締めを仮結びします。

7

形を整えて後ろへ回し、帯揚げと帯締めを結び直します。

タレ元から折り上げて、完全にタレを引き抜き、ひと結びします。布目に沿って斜めに締めます。

タレを肩に預け、テを結び目の際からしっかりと幅を広げます。

テ元から手幅ひとつ分を目安に、テを外側に折り返して羽根を作ります。テ先側も同様に手幅ひとつ分外側に折り返します。このときテ先が結び目を越えていることが大切です。

羽根に一つ山ひだを取ります。

肩に預けておいたタレを羽根の上にかぶせ、下から上に引き抜きます。タレの両端を折り、幅を狭くします。

見せたい面をここで調節して、タレ先を外側に折り上げて羽根の下にくぐらせます。タレ先が足の付け根にくるよう、斜めに引き抜きます。

タレを斜め反対側に下ろします。

下ろしたタレに帯締めを当てて、左右の垂れが同じ長さになるようタレを持ち上げてお太鼓を作ります。帯締めを仮結びし、帯を後ろに回して帯締めを結び直します。

半幅角出し

土台の結び目を下に作るため、崩れにくい帯結びです。しっかりと下にボリュームを出すことで、角出しの雰囲気を楽しめます。

細見え　帯揚げ　帯締め

ベストな帯の長さ		
420㎝～		
ベストな帯の質感		
柔らかめ	普通	硬め
最初に取るテの長さ		
90 ～ 120㎝		
難易度		
★★★★☆		

START

テを上、タレを下に交差

帯を二巻きしたら、タレを脇から斜め内側に折り下げます。**テを上**、**タレを下**に交差させます。

体の近くで、テとタレを胴帯の下側でひと結びします。布目に沿って斜めに締めます。

テを結び目の際から反対側へ運び、手幅ひとつ分を目安にテを反対側へ折り返し、羽根を作ります。

羽根に一つ山ひだを取ります。

タレを結び目の際から幅を半分に折ります。

幅を半分に折ったタレを結び目の際から折り上げて、羽根の下にタレ元から入れて完全に下に引き抜きます。タレ先から入れるとゆるみの原因になるので、必ずタレ元から入れます。

タレを羽根に二巻きしたら、タレ先を帯板と胴帯の間に入れます。

足の付け根までタレ先がくるように引き抜いたら、二重に重なったタレをずらしながら折り上げます。

折り上げたタレの内側に帯揚げを通して仮結びします。

タレの外側に帯締めを当てて、左右の垂れが同じ長さになるように、帯締めと一緒にタレを持ち上げて仮結びします。形を整えて後ろへ回したら帯揚げと帯締めを結び直します。

ダブルウイング太鼓

アシンメトリーな形が個性的。テ先を折り重ねた羽根をしっかりと斜めに形作ることで、バランスよく仕上がります。

細見え　帯締め

ベストな帯の長さ		
380～420㎝		
ベストな帯の質感		
柔らかめ	**普通**	硬め
最初に取るテの長さ		
100㎝		
難易度		
★★★☆☆		

START

タレを上、テを下に交差

帯を二巻きしたら、タレを脇から斜め内側に折り上げます。**タレを上、テが下**になるよう交差させます。

タレ元から折り上げてテの下からタレをくぐらせ、ひと結びします。完全にタレを引き抜き、布目に沿って斜めに締めます。

下側になったテを結び目の際から半分の幅に折ります。

テを結び目の際から斜め上に折り上げます。結び目から手幅ひとつ分のところで外側に折り、羽根を作ります。さらに続きのテでその羽根よりも少し短めに、もう一枚羽根を作ります。

ダブルウイング太鼓

2枚の羽根は和装クリップでとめておくと作業しやすくなります。タレを結び目の際から半分の幅に折ります。

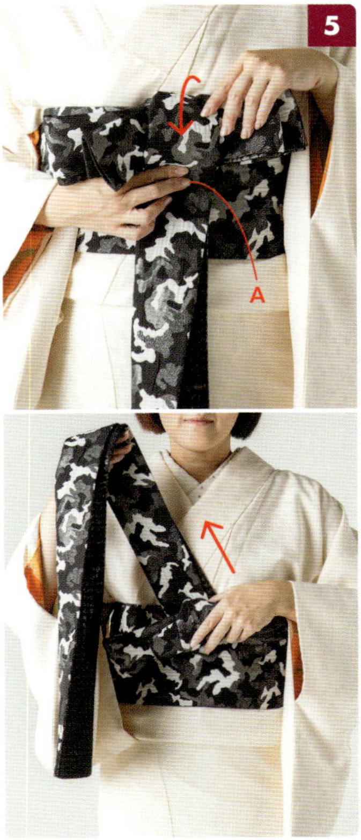

クリップをはずし、羽根の上に半分に折ったタレをかぶせ下ろします。下ろしたタレをAを突き上げるようにして羽根の下に通し、すべて上に引き抜きます。

上に引き抜いたタレの幅を広げます。タレ先を持ち、胴帯の間に上から通します。

おはしょりよりもやや下にタレを引き抜いたら、帯の重なりをずらしてお太鼓の山を作ります。

7でずらしたタレの内側に帯締めを通します。胴帯の下線をお太鼓の底線に決め、余った分を帯締めを軸にして内側に折り込みます。帯締めは仮結びします。帯を後ろへ回し、帯締めを結び直します。

変わり角出し

こなれた後ろ姿を楽しめる粋な帯結び。最後にタレとタレ先で作る垂れの長さを揃えるのがポイントです。

細見え　帯揚げ　帯締め

ベストな帯の長さ		
420㎝		
ベストな帯の質感		
柔らかめ	普通	硬め
最初に取るテの長さ		
80 ~ 100㎝		
難易度		
★★★★☆		

START

タレを上、テを下に交差

帯を二巻きしたら、タレを脇から斜め内側に折り上げます。**タレを上、テが下**になるよう交差させます。

1

タレ元から折り上げてテの下からタレをくぐらせ、ひと結びします。完全にタレを引き抜き、布目に沿って斜めに締めます。

2

テとタレをそれぞれ回転させて、テとタレをまっすぐにします。こうすることで結び目がゆるむのを防げます。

3

タレの帯幅を、結び目の際から広げます。

4

テは半分の幅に折り、結び目の際から逆側に倒します。
※写真ではわかりやすいようにタレを肩に預けています。

5

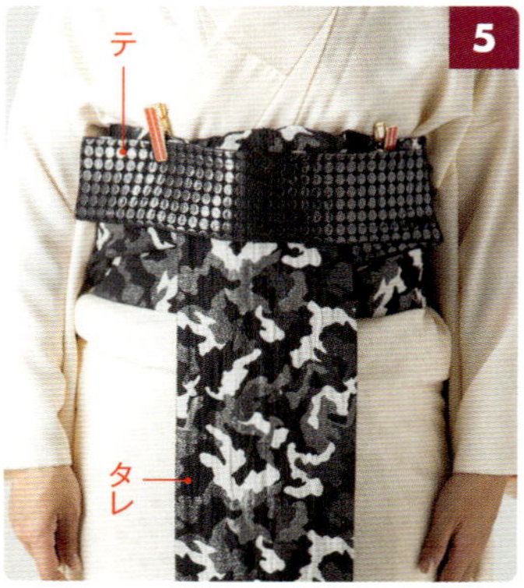

逆側に倒したテを脇で折り返します。テ先は和装クリップで体に巻いた胴帯と一緒にとめておきます。

タレ先がおはしょりよりも下になるようあらかじめ垂れの長さを調節し、**A**と**B**を体に巻いた胴帯の上まで持ち上げてお太鼓の山を作ります。

6で作ったお太鼓の山の内側に、帯揚げを通して仮に結んでおきます。

垂れの長さを決めたらお太鼓の底線に帯締めを当てて引き上げて、帯締めを仮結びします。形を整えて後ろへ回し、帯揚げと帯締めを結び直します。

リボン返し

蝶々結びにテとタレを巻き付けたシンプルな帯結び。垂らした羽根は広げすぎず、まっすぐに形作ることで、大人可愛い雰囲気になります。

細見え

ベストな帯の長さ		
360～380㎝		
ベストな帯の質感		
柔らかめ	**普通**	硬め
最初に取るテの長さ		
テとタレは同寸		
難易度		
★★☆☆☆		

START

タレを上、テを下に交差

帯を体に二巻きか三巻きしたら、**タレが上**、**テが下**になるよう交差させます。

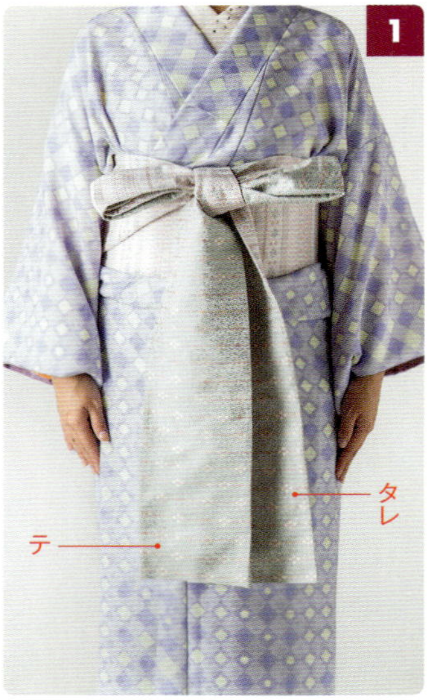

体の近くでひと結びしてから蝶々結びにします。テとタレは同寸になります。

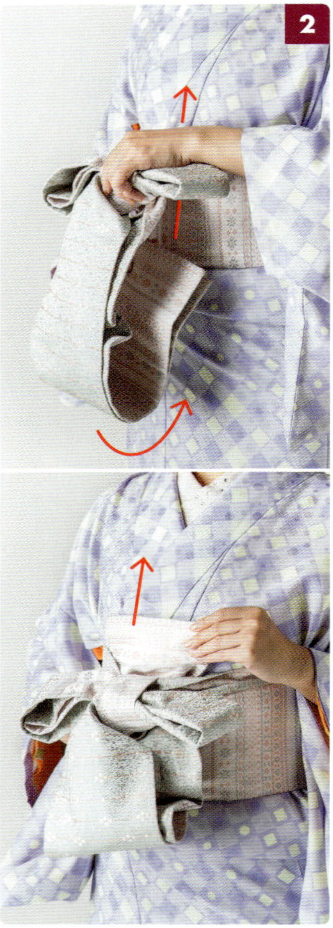

テ先とタレ先をきれいに揃えて、結び目と体に巻いた胴帯の間に下から上に通します。

リボン返し

テとタレの長さが揃っていない場合、Aの長さを調節して揃えます。

垂らす羽根の長さを帯の下線からおはしょりぐらいに決めて、上に引き抜きます。

タレの内側に余った帯と蝶々結びの結び目は、帯板と帯の間に入れてしまいます。ここが土台となり、帯結びに高さが出ます。
※写真はわかりやすいように羽根を衿元でとめています。

羽根の重なりが台形になるように、左右に広げます。

リボンの羽根をまっすぐに整えて、大人っぽさを出します。可愛くしたい場合は、羽根を下に垂らしたり広げたりしてアレンジしてみましょう。形を整えて後ろへ回します。
※わかりやすいように羽根を衿元でとめています。

ハーフリボン太鼓

左右の羽根は大胆に、斜めに動かしてアシンメトリーに形作ります。羽根を垂らすと可愛らしい雰囲気にもなります。

細見え

ベストな帯の長さ		
420㎝～		
ベストな帯の質感		
柔らかめ	普通	硬め
最初に取るテの長さ		
90 ～ 110㎝		
難易度		
★★★☆☆		

START

タレを上、テを下に交差

帯を体に二巻きか三巻きしたら、**タレが上**、**テが下**になるよう交差させます。

体の近くでひと結びしてから蝶々結びにします。蝶々結びがベースの場合、テとタレが同寸になるよう結ぶのが基本ですが、この帯結びのみ最初に取るテの長さに指定があります。

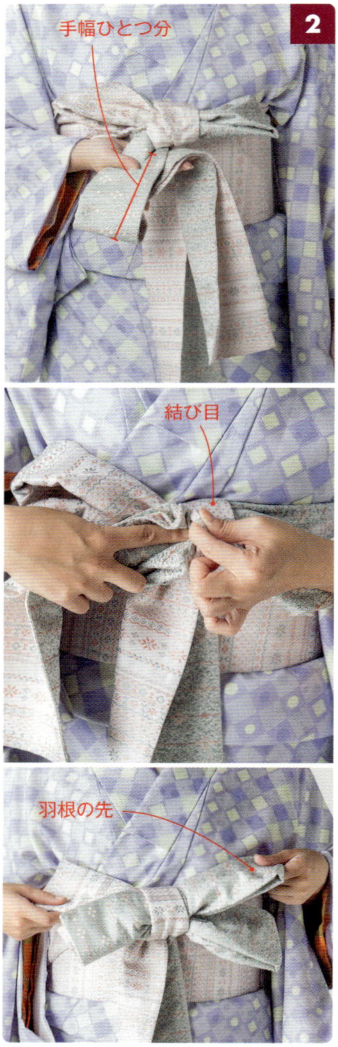

蝶々結びのテ（蝶々結びをする際、最初に羽根を作った側）の幅を半分にして、結び目から手幅ひとつ分のところで外側に折って羽根を作り、羽根の先から結び目に通して4枚の羽根を作ります。

タレの幅を結び目の際から半分に折ります。

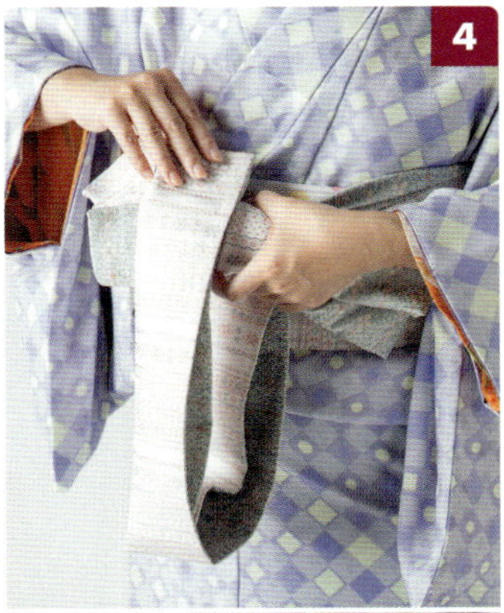

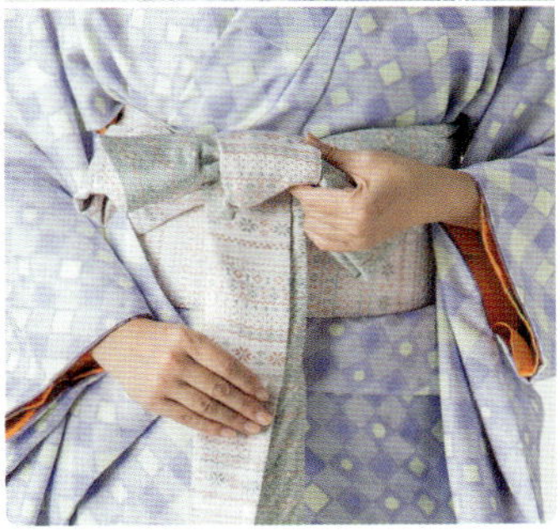

タレを結び目と体に巻いた胴帯の間に、上から下にタレ先から通します。

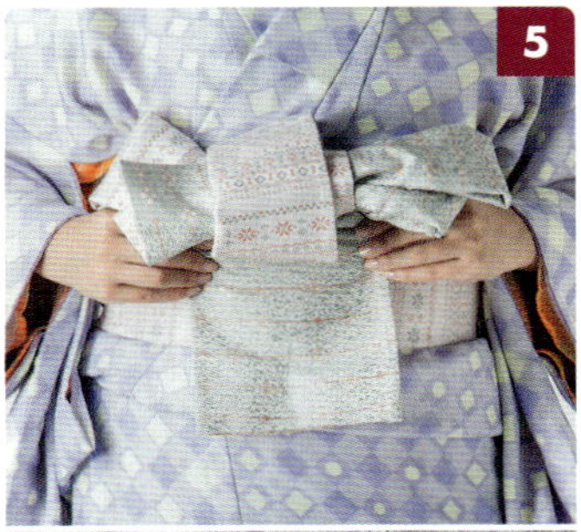

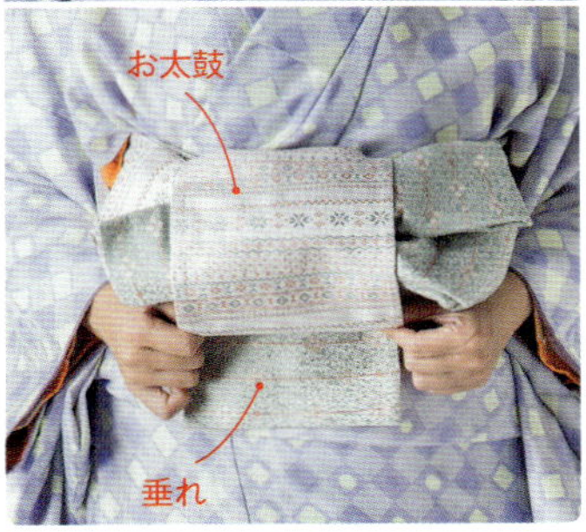

垂れとお太鼓がちょうどいい長さになるまで**4**を繰り返します。おはしょりと同じくらいに垂れを残したら、垂れとお太鼓の幅をそれぞれ広げます。形を整えて後ろへ回します。

帯が余ってしまったら

お太鼓と垂れがちょうどいい長さにならない場合は、垂れの長さをまず決めてから、お太鼓の内側に帯締めを通して長さを調節することもできます。

角出しリボン

帯締めも帯揚げも使わずに楽しめる、角出し風の帯結び。ベースとなる蝶々結びの結び目は、できるだけ小さく作ると形が安定します。

細見え

ベストな帯の長さ		
400㎝〜		
ベストな帯の質感		
柔らかめ	普通	硬め
最初に取るテの長さ		
テとタレは同寸		
難易度		
★★☆☆☆		

START

タレを上、テを下に交差

帯を体に二巻きか三巻きしたら、**タレが上**、**テが下**になるよう交差させます。

体の近くでひと結びしてから蝶々結びにします。このときテとタレの長さは同寸になります。

テ先とタレ先を重ねて、結び目と体に巻いた胴帯の間に上から下に通します。おはしょりの少し下まで引き抜き、垂れを作ります。

2枚に重なっているお太鼓を左右に広げます。垂れも同様に、重なった2枚を左右に広げます。

寝ているお太鼓の左右の羽根を、斜めに起こしてお太鼓に適度な膨らみを出します。形を整えて後ろへ回します。

片蝶リボン返し

ベースとなる片蝶結びを直線的に形作ることで、大人っぽく、ふんわりと形作ると可愛らしい雰囲気になります。

細見え

ベストな帯の長さ		
360 ~ 380㎝		
ベストな帯の質感		
柔らかめ	**普通**	硬め
最初に取るテの長さ		
20 ~ 30㎝		
難易度		
★★☆☆☆		

START

タレを上、テを下に交差

帯を体に二巻きか三巻きしたら、**タレが上**、**テが下**になるよう交差させます。

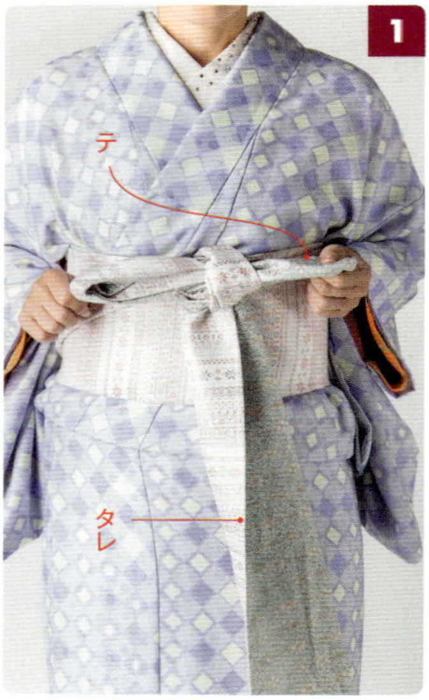

体の近くでひと結びしてから片蝶結びにします。

結び目と体に巻いた胴帯の間にタレ先を下から通し、手幅ひとつ分を残して引き抜きます。

※写真はわかりやすいようにタレを肩に預けています。

3

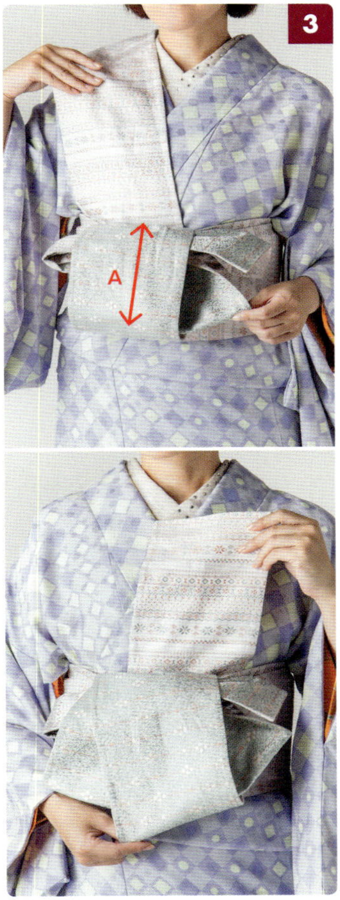

タレをもう一度結び目の下から上に通します。残す**A**の長さは、帯の長さやどのくらいの大きさの帯結びにしたいかによって調節します。右上に出したら次は左上、というように、タレをさらに結び目の下から上に通して形を整えます。

4

左右の羽根は、大人っぽい雰囲気にしたい場合はまっすぐに整え、可愛らしくしたい場合は下に垂らして丸みを出します。形を整えて後ろへ回します。

ちょっとしたアレンジで異なる雰囲気を楽しめます

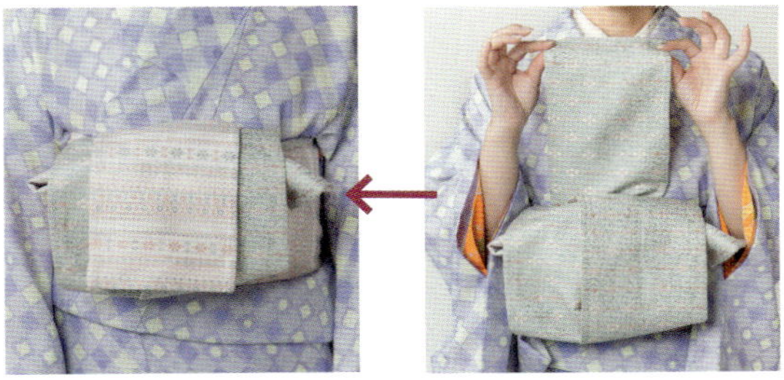

結び目の下にくぐらせるときに、帯の表裏を逆にすると異なるニュアンスを楽しめます。

神無月

たっぷりとした帯結びに垂れをプラスすることで、細見え効果も抜群。お太鼓の底線を、胴帯の下線に揃えると、バランスよく仕上がります。

細見え

ベストな帯の長さ		
380 ～ 420㎝		
ベストな帯の質感		
柔らかめ	**普通**	硬め
最初に取るテの長さ		
20 ～ 30㎝		
難易度		
★★☆☆☆		

START

タレを上、テを下に交差

帯を体に二巻きか三巻きしたら、**タレが上**、**テが下**になるよう交差させます。

体の近くでひと結びしてから片蝶結びにします。

結び目と体に巻いた胴帯の間に、タレ先を上から下に通します。胴帯の下線とほぼ同じになるようお太鼓の底線を決めて、残りは下に引き抜きます。

3

タレを上に上げて、もう一度結び目の上から下にタレ先から通します。お太鼓の底線からタレ先が5cmほど出るように調節して垂れを作ります。

4

お太鼓の左右から出る羽根は、まっすぐにすれば大人っぽく、下に垂らせば丸みのある可愛らしい雰囲気に仕上がります。形を整えて後ろに回します。

帯が余ってしまったら

タレ先が余り、垂れが長くなってしまう場合は、タレ先を体に巻いた胴帯の内側にしまい込み、長さを調節します。

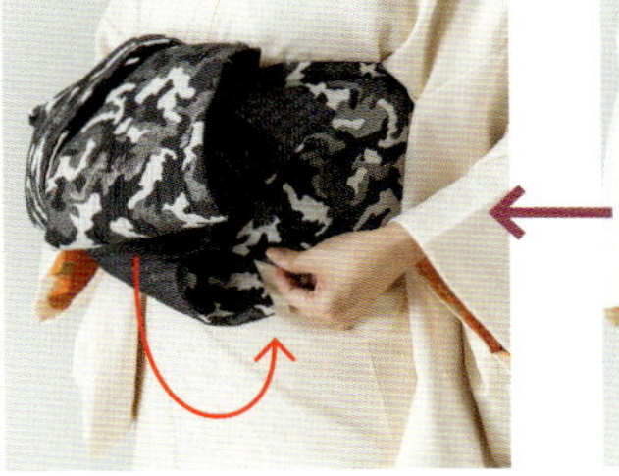

ウイングレイヤー

動きのある帯結びで、背中を華奢に見せます。タレを蛇腹にたたむとき、気持ち長めにするとと大人っぽくなります。

細見え

ベストな帯の長さ		
400㎝～		
ベストな帯の質感		
柔らかめ	普通	硬め
最初に取るテの長さ		
20 ～ 30㎝		
難易度		
★★★☆☆		

START

タレを上、テを下に交差

帯を体に二巻きか三巻きしたら、**タレが上**、**テが下**になるよう交差させます。

1

体の近くでひと結びしてから片蝶結びにします。

2

タレ先から身幅を目安に屏風だたみにします。大人っぽく仕上げたい場合は気持ち長めに取ります。

タレ元とつながっているほうの羽根を胴帯と結び目の間に入れます。上下で長さが同じくらいになるよう調節して下に引き抜きます。上側の羽根を下に下ろします。

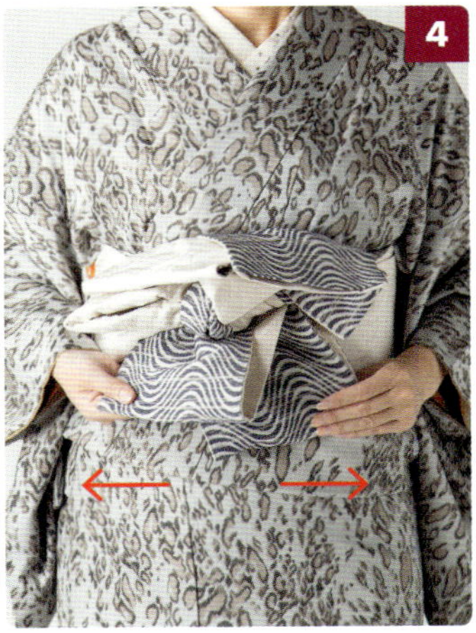

上と下、それぞれの重なりをランダムに広げてボリュームを出します。形を整えて後ろに回します。

引き抜き風角出し

江戸時代から大正時代頃に作られた丸帯の結び方をアレンジした結び方。本来の引き抜き結びを、より簡単にした帯結びです。

細見え　帯揚げ　帯締め

ベストな帯の長さ		
360 ～ 420㎝		
ベストな帯の質感		
柔らかめ	普通	硬め
最初に取るテの長さ		
20 ～ 30㎝		
難易度		
★★★☆☆		

START

タレを上、テを下に交差

帯を体に二巻きか三巻きしたら、タレが上、テが下になるよう交差させます。

体の近くでひと結びしてから片蝶結びにします。

結び目と胴帯の間にタレ先を上から下に通し、おはしょりよりも少し下にタレ先がくるように調節して、垂れを作ります。

引き抜き風角出し

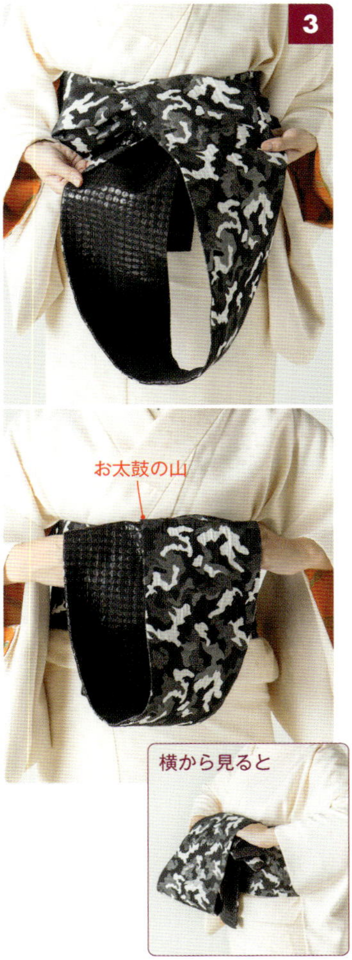

輪になったタレの重なりをずらし、結び目からやや離したところをお太鼓の山に決めて持ちます。結び目から持ったところまでの間を内側に折る要領で、山を胴帯の上線よりも上に持ち上げます。

3で作ったお太鼓の山の内側に帯揚げを通し、仮結びしておきます。

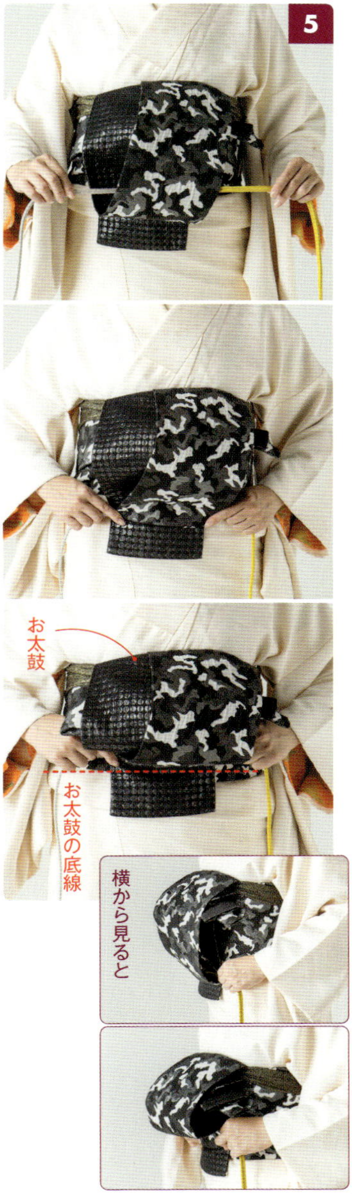

お太鼓の輪に帯締めを通します。お太鼓の大きさを決めて、あまりは帯締めを軸にして内側に折り込み、お太鼓に膨らみをもたせる要領で帯締めを上げます。このとき一緒に垂れも引き上げてバランスを調節します。帯締めを仮結びします。形を整えて後ろへ回し、帯揚げと帯締めを結び直します。

レイヤー

タレをたたむ幅を大きく取ると、小尻効果が期待できます。仕上げの羽根は大胆に広げてバランスよく形作ります。

細見え

ベストな帯の長さ		
400㎝〜		
ベストな帯の質感		
柔らかめ	普通	硬め
最初に取るテの長さ		
20 〜 30㎝		
難易度		
★☆☆☆☆		

START

テを上、タレを下に交差

帯を体に二巻きか三巻きしたら、**テが上**、**タレが下**になるよう交差させます。

体の近くでひと結びしてから真結びにします。

タレ先から身幅を目安に屏風だたみにします。少しくらいランダムでもかまいません。

折りたたんだら、タレ元とつながっているほうの羽根を胴帯と結び目の間に入れます。上下で羽根の長さが同じくらいになるよう、下から引き抜きます。

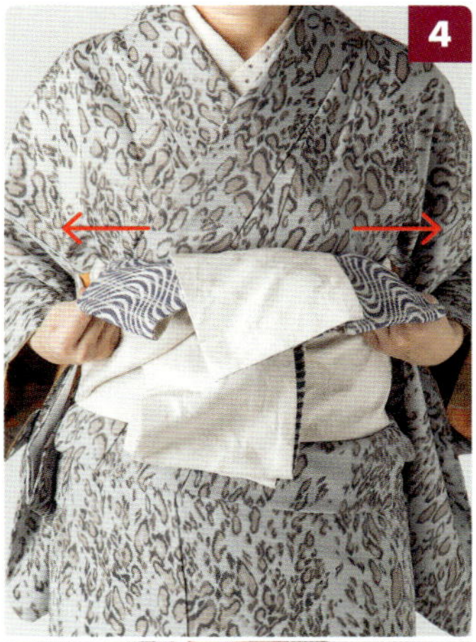

上になったタレの重なりをランダムに広げてボリュームを出し、下に引き抜いたタレも同様に広げてボリュームを出します。形を整えて後ろへ回します。

ダブルレイヤー

テとタレで作った羽根をランダムに散らすとボリュームが出ます。結び目の根元から、羽根を大胆に広げて形作ります。

細見え

ベストな帯の長さ		
420㎝～		
ベストな帯の質感		
柔らかめ	普通	硬め
最初に取るテの長さ		
テとタレは同寸		
難易度		
★★☆☆☆		

START

テを上、タレを下に交差

帯を体に二巻きか三巻きしたら、**テが上**、**タレが下**になるよう交差させます。

体の近くでひと結びしてから真結びにします。このときテとタレの長さは同寸になります。

タレ先から身幅を目安に屏風だたみにします。

3

タレ元とつながっているほうの羽根を、胴帯と結び目の間に入れます。上下で同じくらいの長さになるように下に引き抜きます。

4

テも同様に、テ先から身幅を目安に屏風だたみにします。

5

たたんだら、テ元とつながっているほうの羽根を胴帯と結び目の間に入れて、上下同じくらいの長さになるよう下に引き抜きます。

6

すべての重なりをランダムに広げてボリュームを出し、形を整えて後ろへ回します。

カルタ

ベースは結ばずに、折り紙のように平面的にたたんで形作ります。途中帯がゆるまないよう、和装クリップでとめながらたたむといいでしょう。

1:1:1の法則

ベストな帯の長さ		
340 ~ 380㎝		
ベストな帯の質感		
柔らかめ	普通	硬め
最初に取るテの長さ		
80㎝		
難易度		
★★☆☆☆		

テの始まりを中央に置き、クリップでとめてからテを折り下げます。そのまま角がはみ出ないようきっちりと胴帯の下線に合わせて、タレを体に二巻きか三巻きします。

さらに帯を進め、テの端から人差し指一本分のところをクリップでとめておきます。

テを胴帯の下線の際から上に折り上げます。

4

折り上げたテを指で胴帯と帯板の間に入れ込みます。片手で胴帯を軽く広げながら、もう片方の手でテを入れ込みます。下から完全に引き抜き、軽く引いておきます。

5

2でとめたクリップの位置からタレを逆側に折り返します。さらに逆側もテの端から人差し指一本分のところを内側に折ります。

6

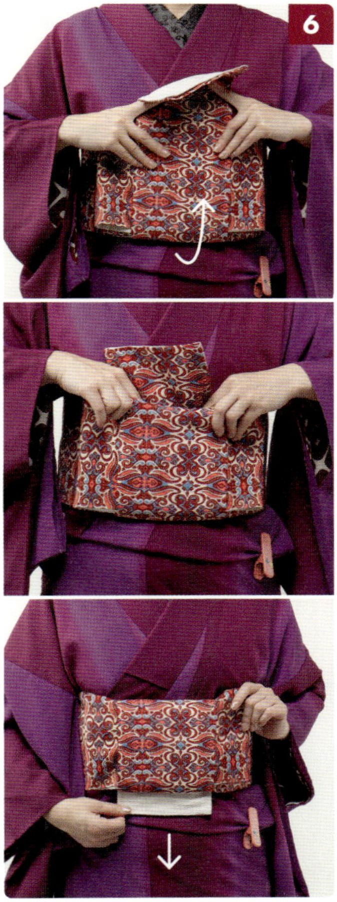

テを胴帯の下線の際から折り上げて、**4**の要領で帯板と胴帯の間に入れ込みます。テが短くなるまで胴帯に巻きつけて、最後に下から出たテを胴帯に入れて、後ろへ回します。

ボウタイリボン

すべての羽根を左右対称に作ると
バランスよく仕上がります。
結んでいる最中は、からだから
手が離れすぎないように気をつけましょう。

1:1:1の法則　細見え

ベストな帯の長さ		
360～380㎝		
ベストな帯の質感		
柔らかめ	普通	硬め
最初に取るテの長さ		
60㎝		
難易度		
★★★★☆		

カルタの**3**まで結びます。

タレをクリップから逆側に折り返し、テの端から人差し指一本分のところをクリップでとめ、さらにクリップから逆側にタレを折り返します。

テに重なるように、タレを折り下げます。

テと折り下げたタレを、胴帯の下線の際から一緒に折り上げます。

5

折り上げたテとタレを一緒に、胴帯と帯板の間に入れます。テとタレを胴帯の下から引き抜きます。

6

テを残してタレを胴帯の下線の際から折り上げて、胴帯と帯板の間に入れ込み、下から引き抜きます。

7

重なった垂れを
左右に開き、形を整えて
後ろへ回します。

ダブルカルタ

カルタを左右に二つ作った
個性的な帯結び。
空気を抜くようにたたむと、
きれいに形作ることができます。

1:1:1の法則　細見え

ベストな帯の長さ		
360㎝～400㎝		
ベストな帯の質感		
柔らかめ	普通	硬め
最初に取るテの長さ		
80㎝		
難易度		
★★★★★		

一つ目のカルタを作ります。右胸の下が中央になるようにテ元を置いてクリップでとめます。体に二巻きしたら、体の中央（テの端）で帯板と一緒にクリップでとめます。

タレをクリップから斜めに折り上げます。タレ元から帯板と胴帯の間に入れて、下から引き抜きます。

ダブルカルタ

3

再びタレを胴帯の下線の際から折り上げて、同じように帯板と胴帯の間に入れて下から引き抜きます。

4

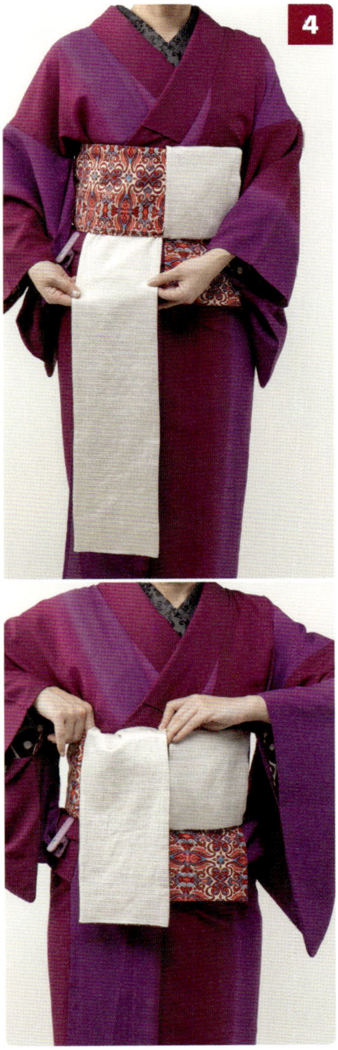

テを胴帯の下線の際から折り上げます。

5

折り上げたテ元から帯板と胴帯の間に入れて下から引き抜き、両側のタレ先の長さを揃えます。形を整えて後ろへ回します。

ダブルレイヤーカルタ

重ねたレイヤーは左右対称に、辺の長さを揃えます。レイヤーの長さは帯幅の半分を目安にするといいでしょう。

1:1:1の法則　細見え

ベストな帯の長さ		
400～420㎝		
ベストな帯の質感		
柔らかめ	普通	硬め
最初に取るテの長さ		
テとタレは同寸		
難易度		
★★★★★		

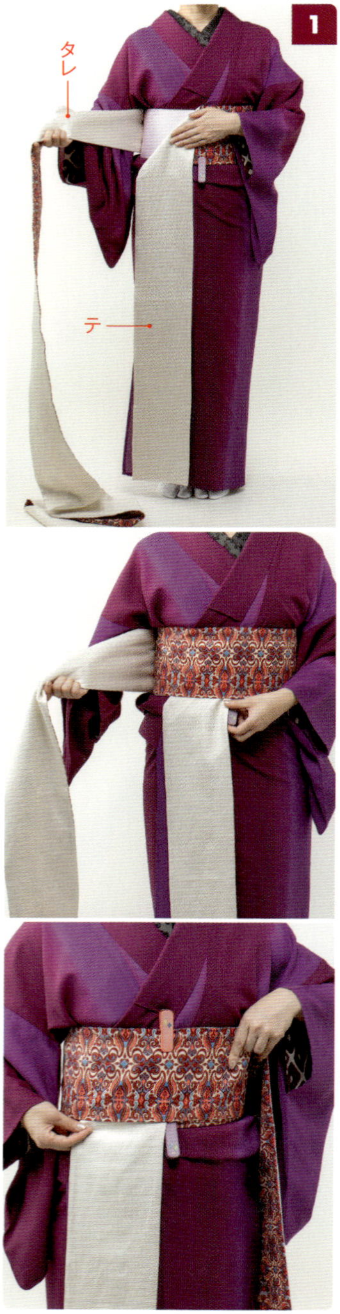

ダブルカルタと同じように体の中央にテの端がくるようにテを置き、クリップで帯板と一緒にとめます。体に二巻きし、体の中央で帯板と一緒にクリップでとめます。

クリップのところからタレを斜めに折り上げます。タレ元から帯板と胴帯の間に入れて、下から完全に引き抜きます。

さらにタレを胴帯の下線の際から折り上げて、タレ元から帯板と胴帯の間に入れて、下から完全に引き抜きます。

足の付け根まで垂れを残して、あまりを内側に折り上げます。帯板と胴帯の間に手を入れて迎える準備をします。タレを上から引き抜き、垂らします。

テを折り上げて、テ先から帯板と胴帯の間に入れて、完全に下から引き抜きます。

6

テを外側に折り上げて、テ先から帯板と胴帯の間に入れ、もう一方の垂れと同じ長さを残して上から引き抜きます。

7

上から垂らすテを残して、あまりを折りたたみ、胴帯の中にしまいます。

8

レイヤーを整えて後ろへ回します。

ぺたんこ太鼓

リバーシブルならではのコントラストが楽しめる帯結び。帯締めを通す際、テにしっかりとかかっていることを確認しましょう。

細見え　帯揚げ　帯締め

ベストな帯の長さ		
420㎝〜		
ベストな帯の質感		
柔らかめ	普通	硬め
最初に取るテの長さ		
60㎝		
難易度		
★★★★☆		

1

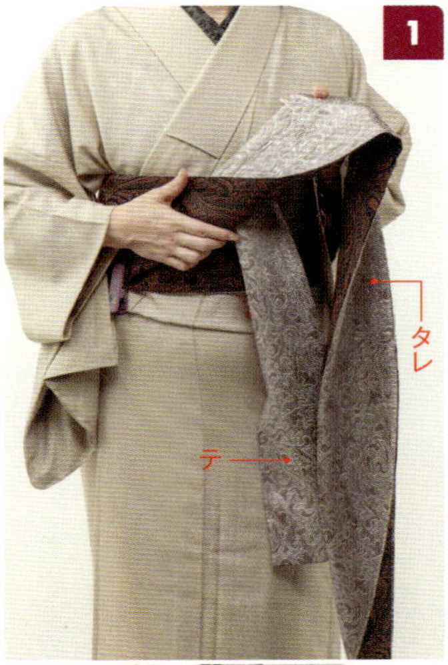

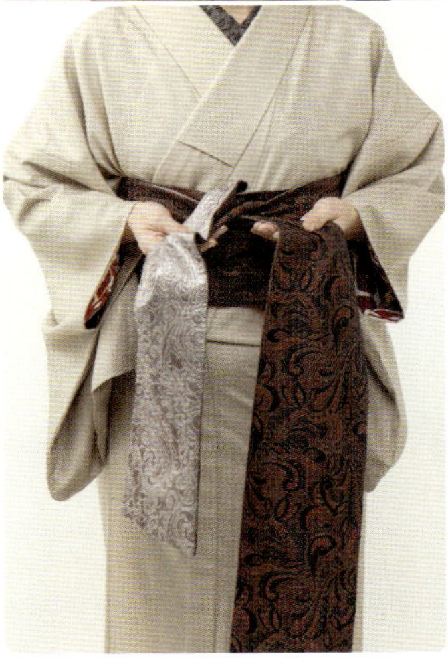

帯を二巻きしてクリップで固定したら、タレを脇から内側に斜めに折り上げます。テを上、タレを下に交差させます。

2

テをタレ元の下から、タレをテ元の上から逆側へ運び、ねじります。ゆるまないよう、テを帯板と胴帯と一緒に上下クリップでとめておきます。

3

タレを写真のように2ヶ所持ち、胴帯の上まで折り上げます。2枚に重なったタレの内側に帯揚げを通して仮結びします。

4

タレの重なりを整えてから、一番下のタレ先と一緒にクリップでとめます。お太鼓を作る要領で、垂れが足の付け根にくるよう、お太鼓の底線を胴帯の下線あたりに決めてタレを折り上げます。

5

折り上げたタレを片手で押さえたまま、テをとめていたクリップをはずし、テ先からお太鼓の中に入れます。さらに帯締めを通して仮結びします。

6

形を整えて後ろへ回し、帯揚げと帯締めを結び直します。

PART 3

ボリューミーで華やかな帯結び満載

兵児帯・三重仮紐を使った帯結び

半幅帯と同じくカジュアルな兵児帯ですが、張りのある素材を使えば名古屋帯の感覚で、大人っぽく結ぶことができます。
また半幅帯や兵児帯も、三重仮紐を使えばボリューミーで華やかな帯結びに。
よそゆき感覚で結べる帯結びをお楽しみください。

各帯結びに表示されているカルテのマークについて

半幅帯

半幅帯でも結べる帯結びです。ただし、仕上がりの形は異なる場合があります。

兵児帯

兵児帯でも結べる帯結びです。ただし、仕上がりの形は異なる場合があります。

細見え

とくに仕上がりがほっそり見える帯結びです。

帯揚げ

帯揚げが必要な帯結びです。

帯締め

帯締めが必要な帯結びです。

兵児蝶々太鼓

ベースとなる蝶々結びの羽根は、身幅よりも大きく作るのがポイントです。
適度な張りがある兵児帯がおすすめです。

半幅帯

ベストな帯の長さ		
400㎝～		
ベストな帯の質感		
柔らかめ	普通	硬め
最初に取るテの長さ		
テとタレは同寸		
難易度		
★★☆☆☆		

START

タレを上、テを下に交差

帯を体に二巻きか三巻きしたら、**タレが上**、**テが下**になるよう交差させます。

体の近くでひと結びしてから蝶々結びにします。このときテとタレの長さは同寸になります。

テ先とタレ先をきれいに重ねて一緒に持ち、折り上げて、結び目と胴帯の間に上から入れます。テ先とタレ先がおはしょりよりもやや下までくるよう引き抜き、お太鼓の垂れを作ります。

arrange

ラップフラワー

テ先とタレ先を残して飾りにしたアレンジ結び。
最後にテとタレを入れるときは、抜けないようしっかりと深く入れます。

半幅帯

1

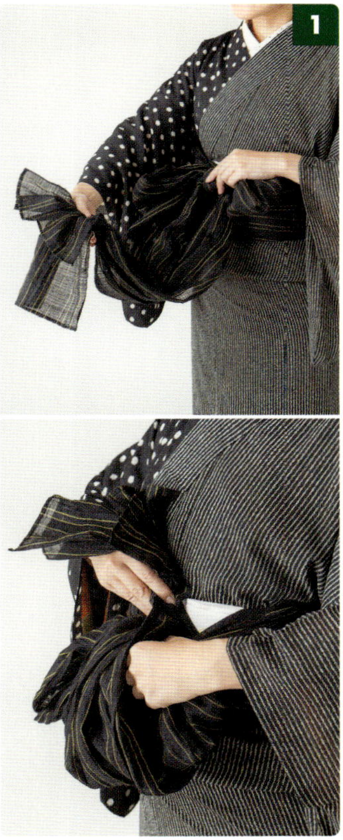

兵児蝶々太鼓と同様に蝶々結びしたら、テ先とタレ先からそれぞれ15cmほどのところを握り、結び目の上から入れます。

3

テ先とタレ先を残して入れたら、重なったお太鼓の部分をふんわりと広げてボリュームを出し、形を整えて後ろへ回します。

3

形を整えて
後ろへ回します。

兵児蝶々太鼓・ラップフラワー

フラワー

ループの連なりで形作ります。ループは小さく作れば可愛らしい雰囲気にも。鏡を見ながら左右対称にバランスよく整えます。

半幅帯

ベストな帯の長さ		
420cm～		
ベストな帯の質感		
柔らかめ	普通	硬め
最初に取るテの長さ		
テとタレは同寸		
難易度		
★★☆☆☆		

START

タレを上、テを下に交差

帯を体に二巻きか三巻きしたら、タレが上、テが下になるよう交差させます。

1

体の近くでひと結びしてから蝶々結びにします。このときテとタレの長さは同寸になります。

2

テ先とタレ先を一緒に持ち、胴帯と結び目の間に下から通し、手幅ひとつ分よりもやや短めに残して、テとタレを上に引き抜きます。

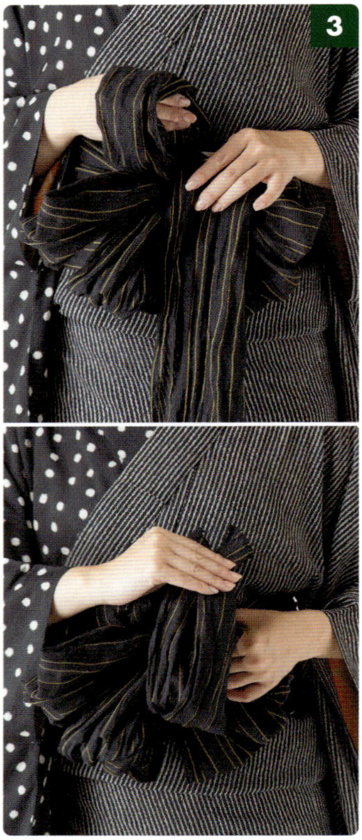

3

上に引き抜いたテとタレを下ろし、外側からループを作って先を結び目の上から中に深くしまいます。もう一方も同様にします。

4

すべてのループの重なりを広げて形を整えて、後ろへ回します。

本《ほん》角《つの》風太鼓

お太鼓の両端から片蝶結びの羽根が見えるように形作ります。形はしっかりと整えずふんわり作ることで、こなれた雰囲気を演出できます。

半幅帯　帯揚げ

ベストな帯の長さ		
400 ~ 420㎝		
ベストな帯の質感		
柔らかめ	普通	硬め
最初に取るテの長さ		
20 ~ 30㎝		
難易度		
★★★☆☆		

START

タレを上、テを下に交差

帯を体に二巻きか三巻きしたら、タレが上、テが下になるよう交差させます。

体の近くでひと結びしてから片蝶結びにします。

タレ先を持ち、結び目と胴帯の間に上から入れます。タレ先がおはしょりよりもやや長くなるようタレを下から引き抜き、垂れを作ります。
※写真はわかりやすいようにタレを肩に預けています。

START

テを上、タレを下に交差

帯を体に二巻きか三巻きしたら、**テが上**、**タレが下**になるよう交差させます。

体の近くでひと結びしてから真結びにします。

パイルレイヤー

段違いに重なるお太鼓が個性的。正方形のフォルムになるよう、意識して作ります。

ベストな帯の長さ		
400㎝～		
ベストな帯の質感		
柔らかめ	普通	硬め
最初に取るテの長さ		
20 ～ 30㎝		
難易度		
★★☆☆☆		

お太鼓の大きさをはかり、帯揚げを2枚重なったタレの内側に入れてお太鼓の山を決めます。余った帯は内側に寄せておけば表からは見えません。帯揚げを胴帯の上まで上げてお太鼓を作り、帯揚げを仮結びします。形を整えて後ろへ回し、帯揚げを結び直します。

タレ先から、肩幅よりやや長めに長さをはかり、端から屏風だたみにします。

たたみ終わったら、タレ元とつながるほうの端を、結び目の上から入れて、上下同じくらいの長さになるよう下から引き抜きます。

重なったタレを少しずつずらします。上から段々になるよう、上下ともに少しずつ重なりをずらします。形を整えて後ろへ回します。

文庫角出し

結び目を下に作ります。文庫の羽根は身幅よりも少し大きめに作り、お太鼓の左右から見えるようにします。崩れやすいので、和装クリップで上下をとめてから後ろへ回します。

帯締め

ベストな帯の長さ		
400㎝～		
ベストな帯の質感		
柔らかめ	普通	硬め
最初に取るテの長さ		
90 ～ 120㎝		
難易度		
★★★☆☆		

テの始まりを帯板と一緒にクリップでとめてから、テを折り下げます。

二巻き～三巻きしたら、タレを脇から斜めに折り下げます。

体の近くでテを上、タレを下に交差させ、胴帯の下側でひと結びし、布目に沿って斜めに締めます。

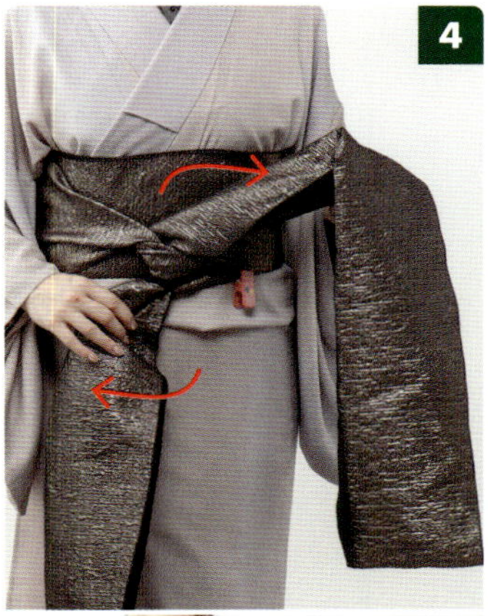

テとタレを結び目でそれぞれ反対側へ運びます。

手幅ひとつ分を目安にテを外側に折り返して羽根を作ります。反対側も同様に外側に折り返して羽根を作ります。このときテ先が結び目を越えていることが大切です。

羽根に一つ山ひだを取ります。

タレを折り上げて、タレ先から羽根にかぶせて、羽根と胴帯の間に上から下にくぐらせて締めます。

8

羽根を整えてから、タレを結び目の際から幅を広げます。

9

タレ先から帯板と胴帯の間に入れます。

10
足の付け根

タレ先が足の付け根にくるまで、下へ引き抜きます。

11
まっすぐに

お太鼓の山をまっすぐに整えます。

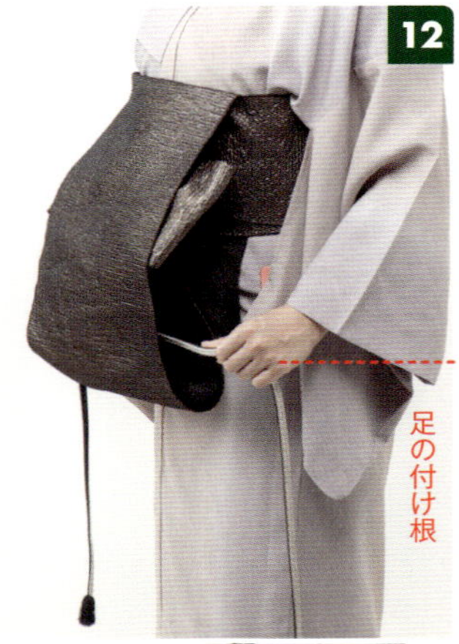
12
足の付け根

帯締めをお太鼓の中に通し、足の付け根の位置でお太鼓に当てます。帯を折り上げてお太鼓を作り、帯締めを仮結びします。形を整えて後ろへ回し、帯締めを結び直します。

後ろへ回すときは必ず上下を和装クリップでとめましょう。

メビウス

文庫角出し同様、結び目を下に作ります。帯締めを通すときは、ふっくらとしたボリュームが出るように意識します。

帯締め

ベストな帯の長さ		
400cm～		
ベストな帯の質感		
柔らかめ	普通	硬め
最初に取るテの長さ		
90 ～ 120cm		
難易度		
★★★☆☆		

テの始まりを帯板と一緒にクリップでとめてから、テを折り下げます。

二巻きか三巻きしたら、タレを脇から斜めに折り下げます。

体の近くでタレを上、テが下になるよう交差させます。

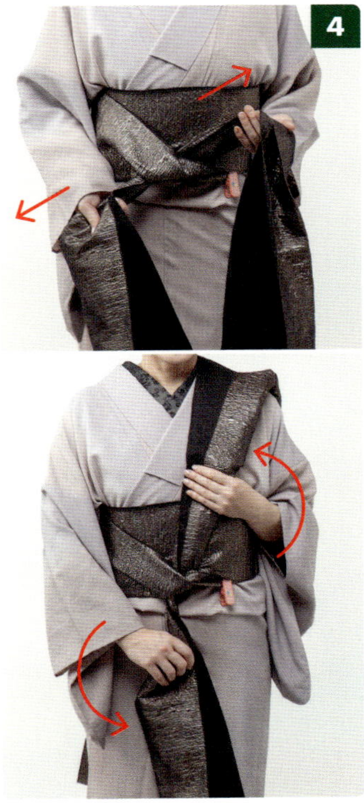

タレをテの下からくぐらせて、胴帯の下側でひと結びし、布目に沿って斜めに締めます。テとタレをそれぞれ回転させて、まっすぐにします。

5

テを結び目の際から反対側へ運び、手幅ひとつ分を目安に外側へ折り返して羽根にします。テ先も外側に折り返して、同じ長さの羽根を作ります。このときテ先が結び目を越えていることが大切です。

6

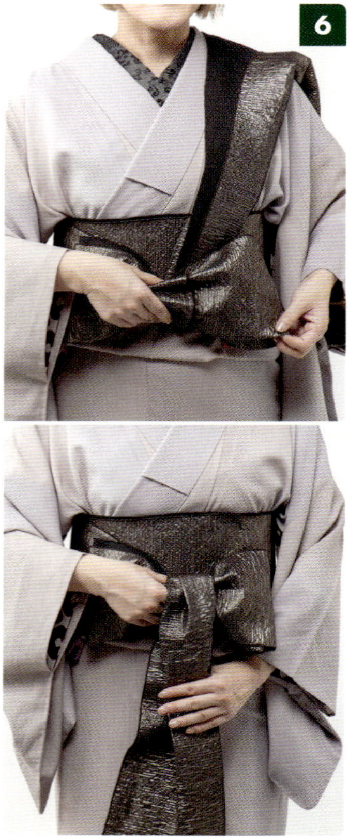

羽根に一つ山ひだを取り、肩に預けておいたタレをかぶせ下ろします。

7

羽根の下から上にタレ元からくぐらせて、完全に上から引き抜いて締めます。

8

タレを結び目の際から幅を広げます。

9

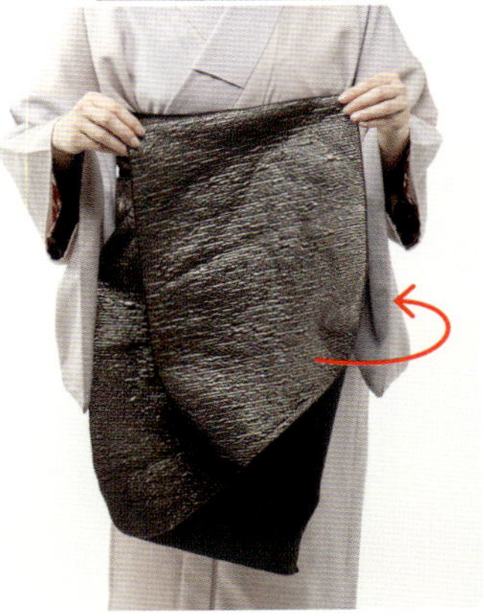

タレ先を持ってねじります。

10

タレ先から帯板と胴帯の間に入れます。タレ先が足の付け根にくるまで引き抜きます。

11

お太鼓の中に帯締めを通し、足の付け根と同じ高さに帯締めを当てます。

12

帯ごと帯締めを持ち上げてお太鼓を作り、帯締めを仮結びします。形を整えて後ろへ回し、帯締めを結び直します。

崩れやすいので、後ろへ回すときは必ず上下を和装クリップでとめます。

トライアングル

文庫角出しのアレンジです。タレをねじってお太鼓を作ります。ねじったお太鼓をていねいに仕上げると形が決まります。

帯締め

ベストな帯の長さ		
400㎝～		
ベストな帯の質感		
柔らかめ	普通	硬め
最初に取るテの長さ		
90 ～ 120㎝		
難易度		
★★★☆☆		

1

文庫角出しの**8**まで結びます。

2

結び目の際からタレの幅を広げて、タレ先を持ってねじります。

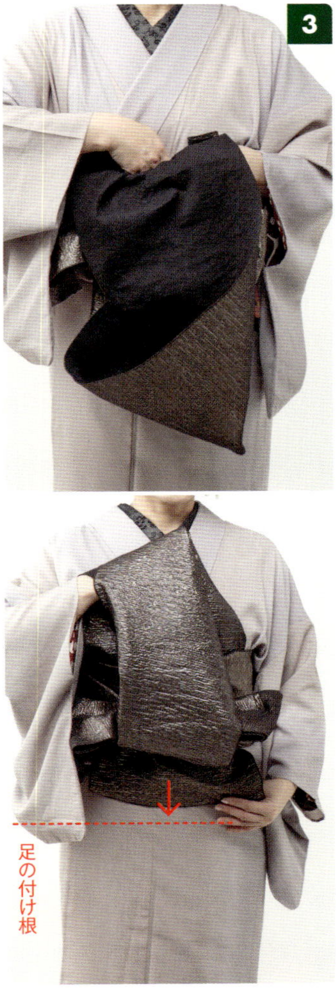

帯板と胴帯の間にタレ先から入れて、下から出します。タレ先が足の付け根にくるまで引き抜きます。

お太鼓の山と底線を整えます。

お太鼓の底線に帯締めを通します。帯ごと帯締めを持ち上げてお太鼓を作り、帯締めを仮結びします。形を整えて後ろへ回し、帯締めを結び直します。

崩れやすいので、後ろへ回すときは必ず上下を和装クリップでとめます。

クロスフック

幾重にも重なる羽根は、高さを出すと華やかな印象に。三重仮紐がベースの結び目から下がらないように気をつけます。

兵児帯　帯揚げ

ベストな帯の長さ		
400㎝～		
ベストな帯の質感		
柔らかめ	普通	硬め
最初に取るテの長さ		
テとタレは同寸		
難易度		
★★★☆☆		

三重仮紐ってなに？

中央が三またに分かれた変わり結び用の紐のこと。振袖用に考案され、中央の三またに帯で作ったひだや羽根を通して形作ります。自分で結ぶ場合は、テとタレを結んでから三また部分が体の前にくるようにつけて後ろで仮結びし、最後に帯を後ろへ回してから結び直します。

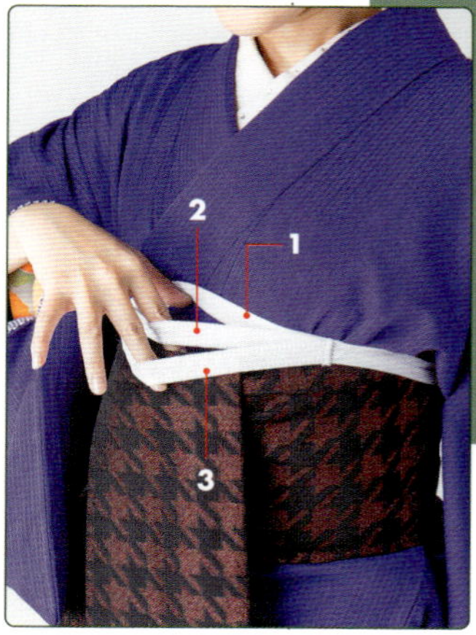
1
2
3

ここでは体に近い紐から1番目、2番目、3番目と表記します。

START

タレを上、テを下に交差

帯を体に二巻きか三巻きしたら、タレが上、テが下になるよう交差させます。

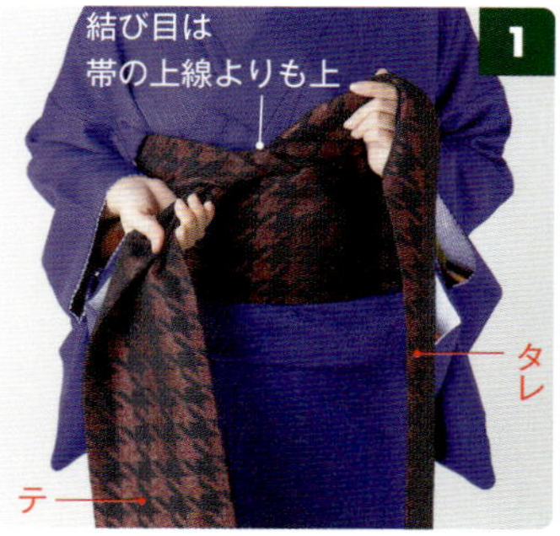
1
結び目は
帯の上線よりも上
タレ
テ

テの下にタレをくぐらせて、体の近くでひと結びします。このときテとタレの長さは同寸になります。

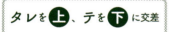

2

胴帯よりも上に三重仮紐をつけて後ろへ回し、胴帯の上で仮に結びます。

3

テを結び目から手幅ひとつ分よりもやや短いところを内側に折って、羽根を作ります。2番目の三重仮紐に通して左斜めに振ります。

4

タレ側ににもテと同じ羽根を作り、3番目の三重仮紐に通して、右斜めに振ります。

5

タレ側にもう一枚同じ羽根を作り、2番目の三重仮紐に通して左斜めに振ります。

6

テ側にもう一枚同じ羽根を作り、3番目の三重仮紐に通して右斜めに振ります。

7

すべての羽根を上に上げて帯揚げを当て、仮結びします。

8

すべての羽根を下ろして形を整え、後ろに回して三重仮紐と帯揚げをそれぞれ結び直します。

ふくら太鼓

振袖のふくら雀に似た帯結びです。お太鼓を小さく作れば可愛らしく、大きめに作ると落ち着いた雰囲気になります。

兵児帯　帯揚げ　帯締め

ベストな帯の長さ		
380 ～ 400㎝		
ベストな帯の質感		
柔らかめ	普通	硬め
最初に取るテの長さ		
80 ～ 90㎝		
難易度		
★★★★☆		

START

タレを上、テを下に交差

帯を体に二巻きか三巻きしたら、タレが上、テが下になるよう交差させます。

1

結び目は
帯の上線よりも上
タレ
テ

テの下にタレをくぐらせて、体の近くでひと結びします。

2

胴帯よりも上に三重仮紐をつけて後ろへ回し、胴帯の上で仮に結びます。

3

タレを結び目の際から手幅ひとつ分よりもやや短いところで内側に折り、羽根を作ります。2番目の三重仮紐に通して左斜めに振ります。

4

テ側にも同じく羽根を作り、3番目の三重仮紐に通して右斜めに振ります。

5

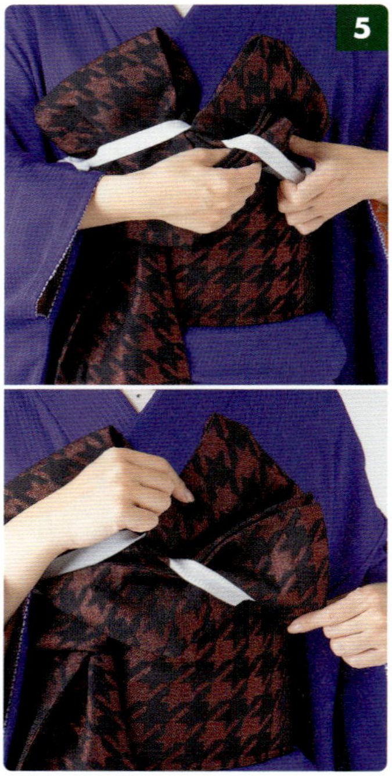

4で残ったテを2番目の三重仮紐に通し、左斜めに振ります。帯幅を広げて羽根を作ります。

タレ先を1番目の三仮紐に通して上に引き抜きます。帯の長さに応じて、残す長さ**A**を調節します。

帯揚げを三重仮紐に沿って当てて後ろへ回し、仮に結んでおきます。

胴帯の下線をお太鼓の底線に決めて、タレの内側に帯締めを当てます。人差し指を軸にしてタレを内側に折り上げたら、片手で持ち、胴帯の5cm下に垂れが残るようもう片方の手でさらに折り上げます。

帯締めを後ろに回して仮結びします。

お太鼓の左右からのぞく羽根を整えたら後ろへ回し、三重仮紐と帯揚げ、帯締めをそれぞれ結び直します。

パーティーリボン

アシンメトリーな羽根が華やかな帯結び。羽根は大胆に大きく作るとバランスよく仕上がります。

兵児帯　帯揚げ　帯締め

ベストな帯の長さ		
420㎝～		
ベストな帯の質感		
柔らかめ	普通	（硬め）
最初に取るテの長さ		
60 ～ 80㎝		
難易度		
★★★★☆		

START

タレを上、テを下に交差

帯を体に二巻きか三巻きしたら、**タレが上**、**テが下**になるよう交差させます。

テの下にタレをくぐらせて、体の近くでひと結びします。

胴帯よりも上に三重仮紐をつけて後ろへ回し、胴帯の上で仮に結びます。

タレを結び目の際から手幅ひとつ分よりもやや短いところで内側に折り、羽根を作ります。2番目の三重仮紐に通して右斜めに振ります。

再びタレで同じくらいの大きさの羽根を作り、3番目の三重仮紐に通して左斜めに振ります。

5

続きのタレにもう一度同じくらいの大きさで羽根を作り、2番目の三重仮紐に通して右斜めに振ります。

6

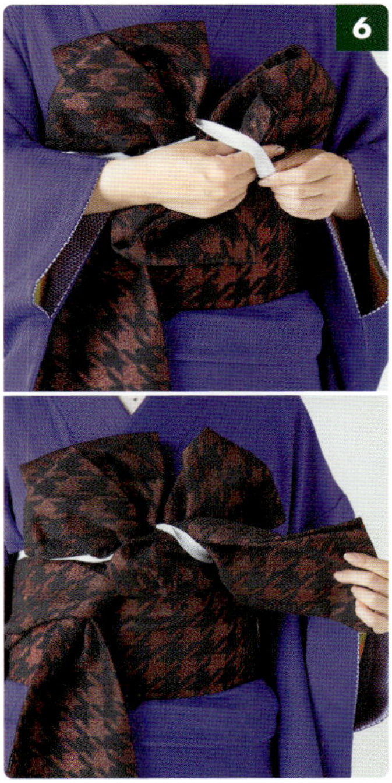

残りのタレをすべて3番目の三重仮紐に通して左斜めに振ります。

7

1番目の三重仮紐に沿って、帯揚げを当てて仮結びしておきます。

8

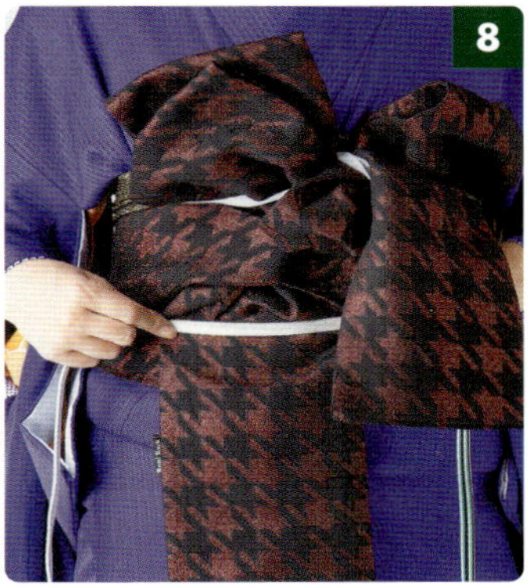

胴帯の下線から約5cm上に帯締めを当てて後ろへ回し、仮結びしておきます。

9

テ先にひだを取ります。

10

ひだをとったテを上げて、1番目の三重仮紐の上から下に通して斜め下にテ先を出します。

11

すべての羽根をバランスよく広げ、形を整えて後ろへ回します。三重仮紐と帯揚げ、帯締めをそれぞれ結び直します。

ラップリボン

羽根をすべて垂らすことで、落ち着いた大人の華やかさを演出。帯締めをプラスすればよそゆき感も出ます。

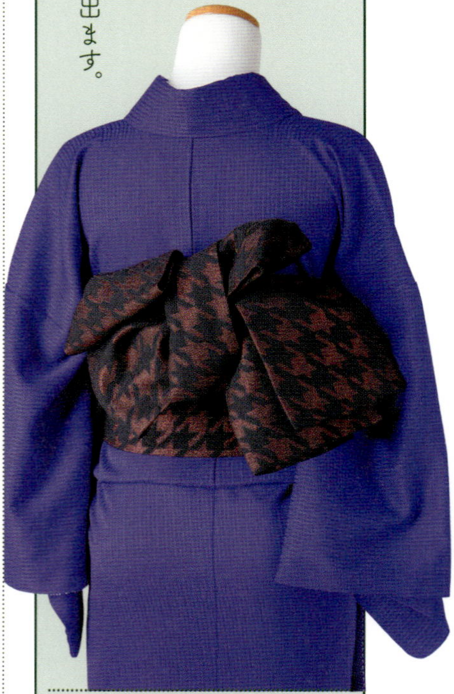

兵児帯 **帯揚げ**

ベストな帯の長さ		
400㎝～		
ベストな帯の質感		
柔らかめ	普通	硬め
最初に取るテの長さ		
80 ～ 100㎝		
難易度		
★★★★★		

START

タレを上、テを下に交差

帯を体に二巻きか三巻きしたら、**タレが上**、**テが下**になるよう交差させます。

テの下にタレをくぐらせて、体の近くでひと結びします。

胴帯よりも上に三重仮紐をつけて後ろへ回し、胴帯の上で仮に結びます。

テを結び目の際から手幅ひとつ分よりもやや短いところで内側に折り、羽根を作ります。2番目の三重仮紐に通して左斜めに振ります。

タレにも同じく羽根を作り、3番目の三重仮紐に通して、右斜めに振ります。

残りのテは左斜めに折り上げて、2番目の三重仮紐にテ先から通して左斜めに振ります。

1番目の三重仮紐に沿って帯揚げを当てて、仮結びしておきます。

タレの幅を半分に折り、右斜めに折り上げます。

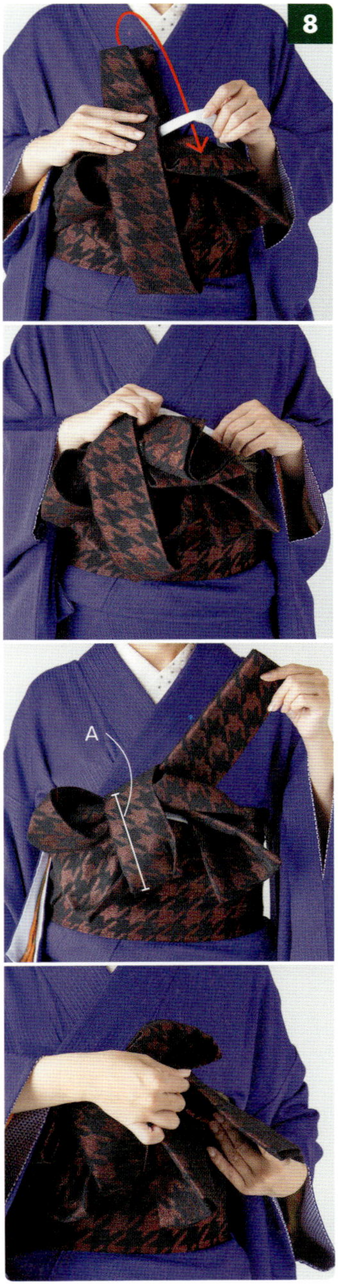

折り上げたタレ先を1番目の三重仮紐の上から下に通し、**A**がきつくなりすぎないようふんわり締めます。羽根を適度に広げ、左側のタレを垂らして形を整えます。後ろへ回して三重仮紐と帯揚げを結び直します。

ウイングラップ

羽根の動きでさまざまな表情を楽しめます。三重仮紐が見えないよう、羽根はしっかりと広げましょう。

半幅帯　帯揚げ　帯締め

ベストな帯の長さ		
400㎝～		
ベストな帯の質感		
柔らかめ	普通	硬め
最初に取るテの長さ		
80 ～ 100㎝		
難易度		
★★★☆☆		

START

タレを上、テを下に交差

帯を体に二巻きか三巻きしたら、**タレが上**、**テが下**になるよう交差させます。

テの下にタレをくぐらせて、体の近くでひと結びします。

胴帯よりも上に三重仮紐をつけて後ろへ回し、胴帯の上で仮に結びます。

タレを結び目の際から手幅ひとつ分よりもやや短いところで内側に折り、羽根を作ります。2番目の三重仮紐に通して右斜めに振ります。

続きのタレでさらに羽根を作り、3番目の三重仮紐に通して左斜めに振ります。

さらに続きのタレで羽根を作り、2番目の三重仮紐に通して右斜めに振ります。

さらに続きのタレで羽根を作り、3番目の三重仮紐に通して左斜めに振ります。

タレ先を2番目の三重仮紐に通して右斜めに振ります。

テを結び目の際から幅を広げ、胴帯の下線よりも5cmくらい上の位置で、帯締めを当てて仮に結んでおきます。

羽根の下に帯揚げを当てて、仮に結んでおきます。

テ先をランダムに握り、ギャザーを寄せます。

ギャザーを寄せたテ先を1番目の三重仮紐の上から下に通し、斜め下に引き抜きます。

片側の羽根を広げます。もう一方は下に下ろしてアシンメトリーに羽根を整えます。後ろへ回して三重仮紐と帯揚げ、帯締めを結び直します。

ハーフレイヤー

重なる羽根が華やかな印象です。テ先の長さをしっかりと取ることで、バランスよく形が決まります。

半幅帯　帯締め

ベストな帯の長さ		
380 ~ 400㎝		
ベストな帯の質感		
柔らかめ	普通	硬め
最初に取るテの長さ		
80 ~ 100㎝		
難易度		
★★★☆☆		

START

テを上、タレを下に交差

帯を体に二巻きか三巻きしたら、**テが上、タレが下**になるよう交差させます。

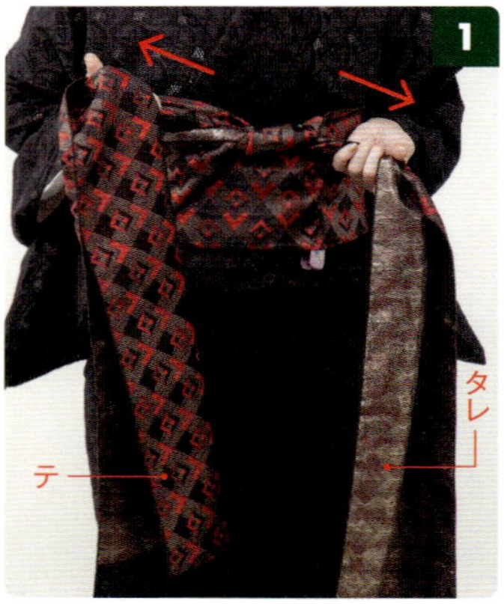

タレの下にテをくぐらせて、体の近くでひと結びします。

胴帯よりも上に三重仮紐をつけて後ろへ回し、胴帯の上で仮に結びます。

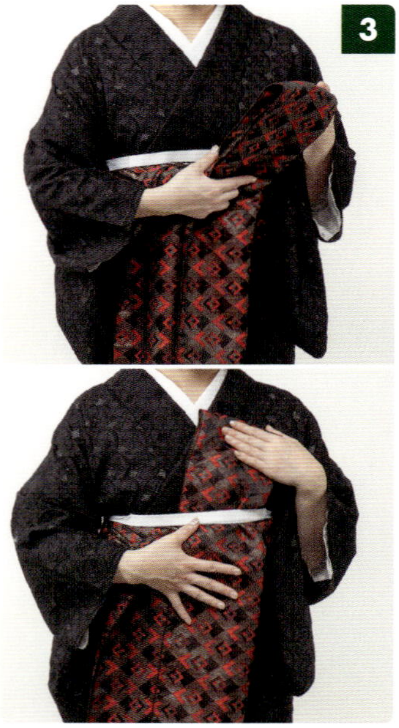

タレ元から手幅ひとつ分のところを折り上げて、2番目と3番目の三重仮紐の下からくぐらせ、左斜めに振ります。さらに手幅ひとつ分はかります。

3ではかったところを折り上げて羽根を作り、3番目の三重仮紐に羽根をくぐらせ、右斜めに振ります。

5

羽根を下に垂らします。テを半分の幅に折り、ワを下にします。

6

テを折り返して胴帯の上線に沿わせ、身幅分を取り、あまりを折り返します。

7

1番目の三重仮紐に**6**をくぐらせて下から出します。羽根の形を整えます。

8

タレ元から帯幅を広げ、足の付け根よりもやや下の位置で帯締めを当てます。帯ごと帯締めを持ち上げて、足の付け根のラインで垂れを作って、帯締めを仮結びします。

9

形を整えて後ろへ回し、三重仮紐と帯締めをそれぞれ結び直します。

レイヤーリボン

真ん中のリボンが大きめなほうが可愛らしい雰囲気に。後ろへ回すときは崩れやすいので、上下を必ず和装クリップでとめます。

帯締め

ベストな帯の長さ		
380～400㎝		
ベストな帯の質感		
柔らかめ	普通	硬め
最初に取るテの長さ		
70～90㎝		
難易度		
★★★☆☆		

START

タレを上、テを下に交差

帯を体に二巻きか三巻きしたら、**タレが上**、**テが下**になるよう交差させます。

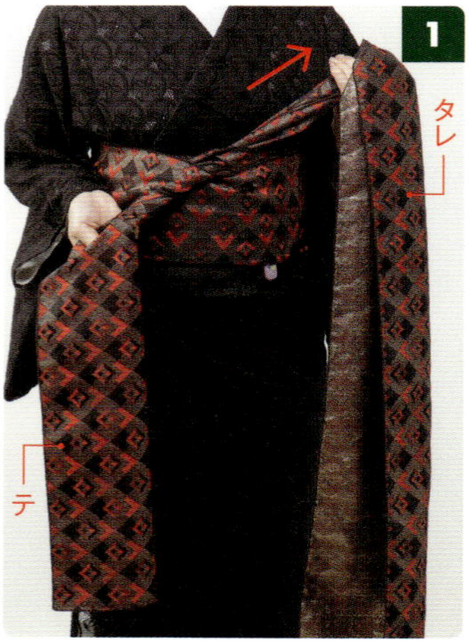

テの下にタレをくぐらせて、体の近くでひと結びします。

タレを下ろし、テとタレが重なるようにします。

タレを結び目の際から幅を広げ、手幅ひとつ分のところで折り上げます。胴帯の上線の位置に合わせて三重仮紐を当てて仮結びします。

レイヤーリボン

4

3よりもやや大きめに、手幅ひとつ分はかり、そこからタレを内側に折ります。

5

2番目と3番目の三重仮紐に**4**を通します。

6

テの幅を半分に折り、折り返してワを下にして3番目の三重仮紐に通します。

※写真ではわかりやすいようにタレを衿にとめています。

7

残りのテを2番目の三重仮紐の下から通して羽根を作ります。

8

テで作った羽根を整えてから、タレの内側に帯締めを通し、足の付け根あたりで帯に当てます。帯締めと帯を一緒に持ちながら帯を内側に折り上げてお太鼓を作ります。

9

タレ先を足の付け根に合わせたら、帯締めを仮結びします。形を整えて後ろへ回したら、三重仮紐と帯締めをそれぞれ結び直します。

レイヤーバタフライ

羽根を放射状に広げて形を作ります。後ろへ回すときは崩れやすいので、上下を必ず和装クリップでとめます。

帯締め

ベストな帯の長さ		
420㎝～		
ベストな帯の質感		
柔らかめ	普通	硬め
最初に取るテの長さ		
150㎝		
難易度		
★★★★☆		

START

タレを上、テを下に交差

帯を体に二巻きか三巻きしたら、タレが上、テが下になるよう交差させます。

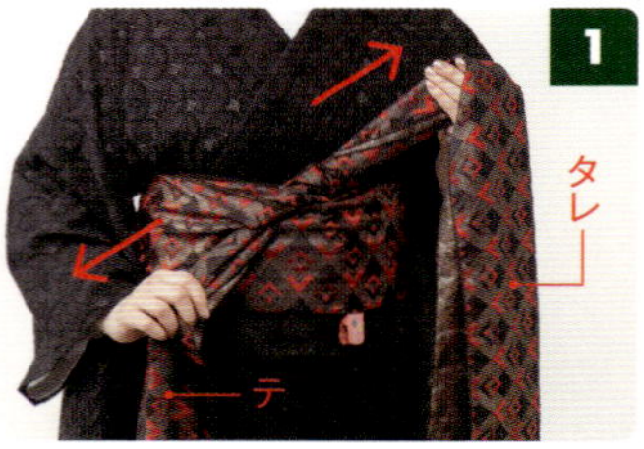

テの下にタレをくぐらせて、体の近くでひと結びします。

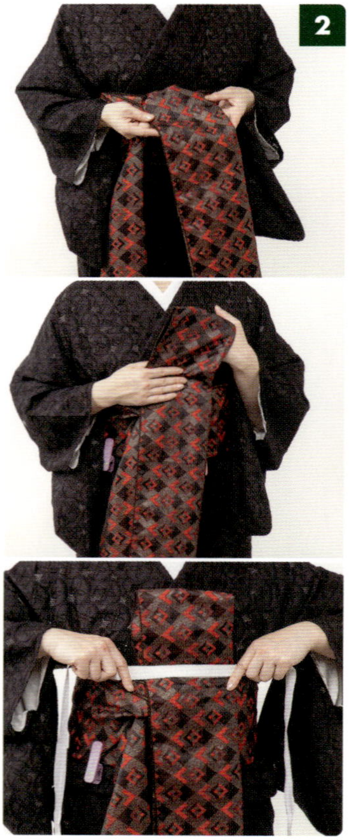

タレを結び目の際から半分の幅に整えます。タレ元から手幅ひとつ分はかって折り上げその上に三重仮紐を結び、左斜めに振ります。

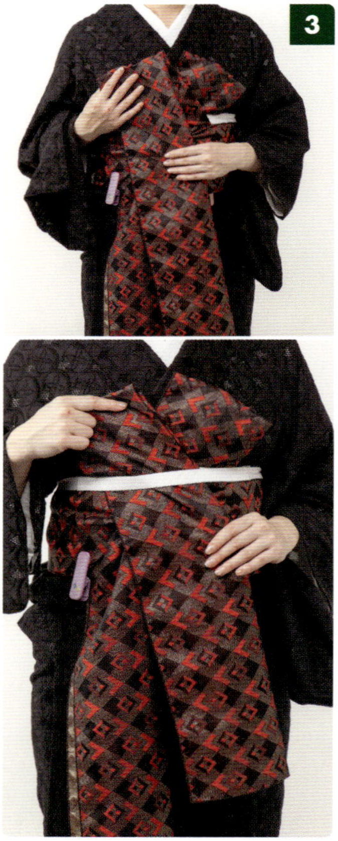

さらに手幅ひとつ分はかって右斜めに折り上げ、2番目と3番目の三重仮紐の下からくぐらせます。

テ元から幅を半分に折り、ワを下にします。

※写真ではわかりやすいようにタレを衿にとめています。

5

テを左胸に受けて斜めに折り上げて、1番目の三重仮紐の下からくぐらせます。残りのテを同じくらいの長さになるよう右斜めに折り上げて、2番目の三重仮紐にくぐらせます。

6

残りのテを折り上げて2番目の三重仮紐にくぐらせます。

7

タレ元から幅を広げ、足の付け根の位置に帯締めを当てます。帯ごと帯締めを持ち上げて、タレ先を足のつけ根に合わせてお太鼓を作ります。帯締めを仮結びします。

8

形を整えて後ろへ回し、三重仮紐と帯締めをそれぞれ結び直します。

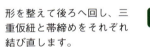

クロワッサン

横幅のある形なので華奢見え効果バツグン。全体のフォルムを逆台形を意識して形作りますが、多少形が崩れても、それもニュアンスになります。

細見え　帯締め

ベストな帯の長さ		
420㎝～		
ベストな帯の質感		
柔らかめ	普通	硬め
最初に取るテの長さ		
150㎝		
難易度		
★★★★☆		

START

タレを上、テを下に交差

帯を体に二巻きか三巻きしたら、**タレが上**、**テが下**になるよう交差させます。

テの下にタレをくぐらせて、体の近くでひと結びします。

タレを肩に預け、胴帯の上線の位置で、タレの上に三重仮紐を結びます。

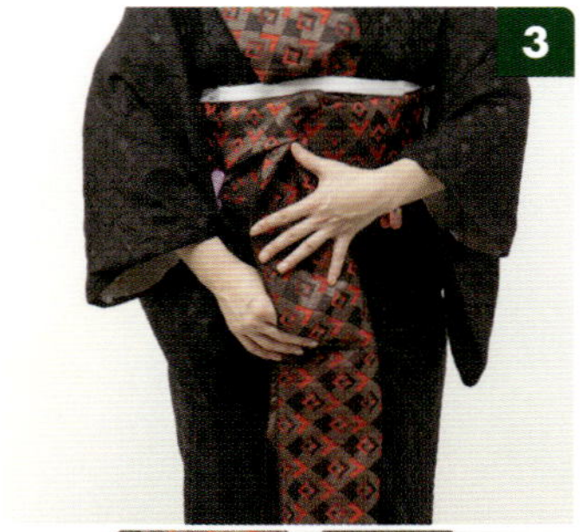

テ元から手幅ひとつ分をはかり、左斜めに折り上げて羽根を作ります。2番目の三重仮紐に下からくぐらせます。

残りのテで右斜めに同じ長さの羽根を作り、3番目の三重仮紐に下からくぐらせます。

クロワッサン

5

残りのテを左右同じ長さになるよう左側に折り返します。テ先を2番目の三重仮紐の下からくぐらせます。

6

肩に預けておいたタレを羽根の上にかぶせ下ろし、左右にひだができるよう、重なりを残しながら幅を広げます。

7

タレ先にひだを取り、クリップでとめておきます。

8

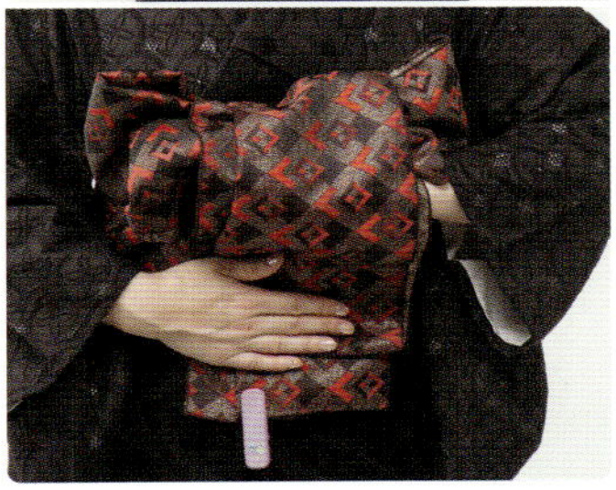

タレ先を足の付け根に合わせ、タレを内側に折り上げてお太鼓を作ります。余ったタレは内側にしまわず表に出しておきます。

9

あまったタレに帯締めを当てて仮結びし、形を整えて後ろへ回します。三重仮紐と帯締めをそれぞれ結び直します。

キャンディリボン

p.94のふくら太鼓に羽根をプラスし、華やかで可愛らしい雰囲気に。羽根は大きさや向きに変化を持たせると表情豊かに仕上がります。

兵児帯　帯揚げ　帯締め

ベストな帯の長さ		
420㎝～		
ベストな帯の質感		
柔らかめ	普通	硬め
最初に取るテの長さ		
80 ～ 100㎝		
難易度		
★★★★☆		

START

テを上、タレを下に交差

帯を体に二巻きか三巻きしたら、**テが上、タレが下**になるよう交差させます。

タレの下にテをくぐらせて、体の近くでひと結びします。

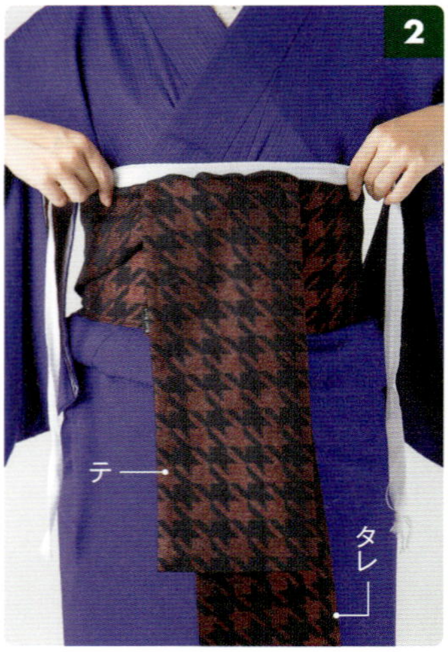

テの幅を結び目の際から広げて下ろします。胴帯よりも上に三重仮紐を結びます。

結び目の際から手幅ひとつ分よりもやや短いところでテを折り上げて、すべての三重仮紐に通し左斜めに引き抜きます。

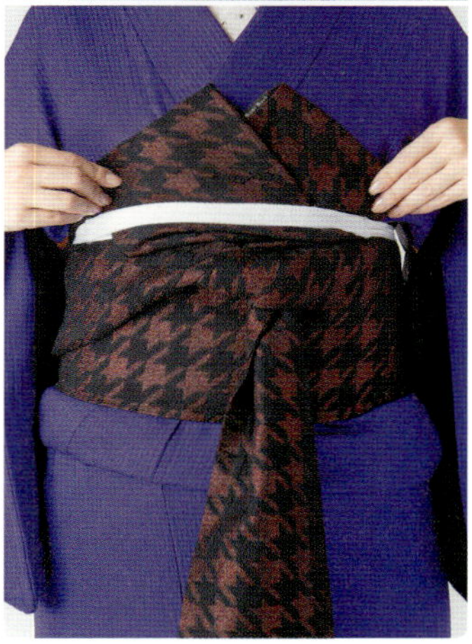

3のテ先を右斜めに折り上げて、2番目と3番目の三重仮紐に通して引き抜きます。

タレの結び目の際から手幅ひとつ分のところを内側に折り、羽根を作り2番目の三重仮紐に通して右斜めに振ります。

続きのタレで同様に羽根を作り、3番目の三重仮紐に通して左斜めに振ります。

右の羽根は右に、左の羽根は左に広げて均等に整えます。

帯揚げを、結び目から手幅ひとつ分のところでタレの内側に当て、帯揚げとタレを一緒に持ち上げます。両サイドの羽根の上に帯揚げを通して後ろへ回し、仮結びします。

上に出た２枚の羽根を下ろし、胴帯の下線と同じ位置で、タレの内側に帯締めを当てます。

人差し指を軸にして、タレを内側に折り上げます。胴帯の下線よりも５cmくらい長く残して垂れを作り、お太鼓にします。帯締めを仮結びします。

両サイドの羽根がお太鼓の左右からのぞくように形を整えて、後ろへ回します。三重仮紐と帯揚げ、帯締めをそれぞれ結び直します。

PART 4

8つのテクニックで誰でも着痩せする

オハラ流ほっそり着付け

着物や浴衣を着ると、なぜか洋服のときよりも太く見える。
そんな悩みはオハラ流着付けが解決します。
誰でも必ず着痩せする、８つのテクニックのほか、
ほっそりポイントさえ意識すれば、
気になる背中も下半身もほっそりスッキリな着姿になります。

ほっそり着姿が実現する 8つのテクニック

直線裁ちの着物だから、太って見えるのは仕方がないと諦めていませんか？ 直線裁ちだからこそ、目の錯覚を利用してほっそりと見せることができるのです。ここでは体型コンプレックスだらけというオハラさんが、普段から実践している8つの着痩せテクニックをご紹介します。

technic 1 衣紋の抜きで 首を長く背中もスッキリ

一般的に衣紋は「こぶしひとつ分」を目安に抜くのが基本とされていますが、体型に応じて衣紋の抜き具合や衿合わせの角度を調整することで、首を長く背中もスッキリと見せることができます。首が短かかったり肩や背中の肉付きが豊かな場合は、衣紋を抜き気味にしたり衿を寝かすといいでしょう。

technic 2 紐の締め方で衿が安定 上半身スッキリ

一気に紐を後ろに回そうとすると、着崩れしがちに。せっかく抜けている衣紋が前に詰まってきてしまいます。紐を後ろに回すときは、必ず片手ずつ後ろへ回します。このとき空気を抜くように紐をスライドさせることがポイントです。

technic 3

下前の褄上げで下半身痩せ

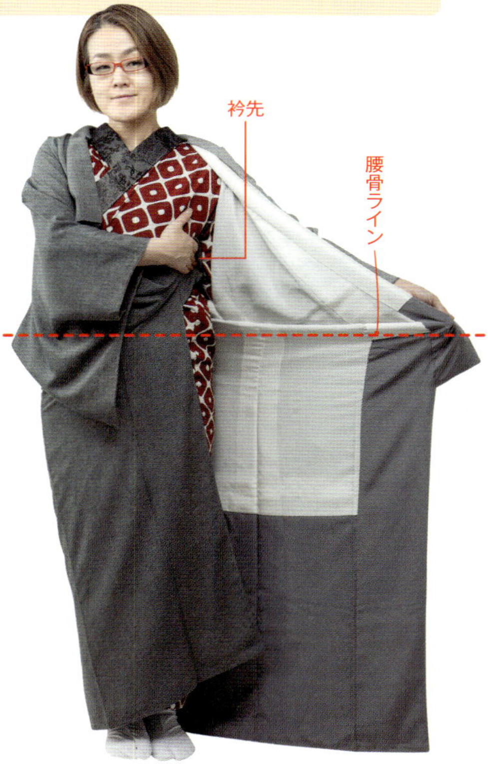

必ず腰紐の上に衿先を出します

下半身をほっそりと見せたいなら、下前の褄先を思い切り上げてみましょう。さらにオハラ流では、下前の衿先を腰紐の上に上げることで、褄上げを一日中キープすることができます。ただし上前の衿先は腰紐の上まで上げてはいけません。上前の衿先はテープの役割。必ず体にぴたっと沿わせて、衿先を約10㎝残して必ず腰紐がかかるようにします。

technic 4

伊達締めの結び目隠しでお腹回りスッキリ

胸紐や伊達締めなどいくつも結び目が重なるとその分凹凸が増えてしまいます。結び目を内側に隠すことで、みぞおち部分のすき間が埋まり、お腹回りをスッキリと整えます。

technic 5 シャープなおはしょりで小尻に見せる

小ぶりな帯結びが多い半幅帯の装いは、加齢とともに下がってくるヒップラインが気になることも。おしり隠しには垂れのある帯結びがおすすめですが、その前におはしょりの処理を見直してみましょう。おはしょりを整えるときは、手を小刻みに動かさず、手刀を切るように一気に整えると、シャープなおはしょりになります。

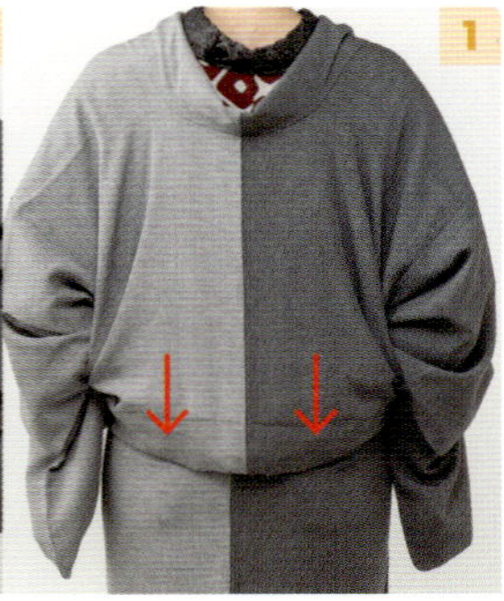

ストンと落として

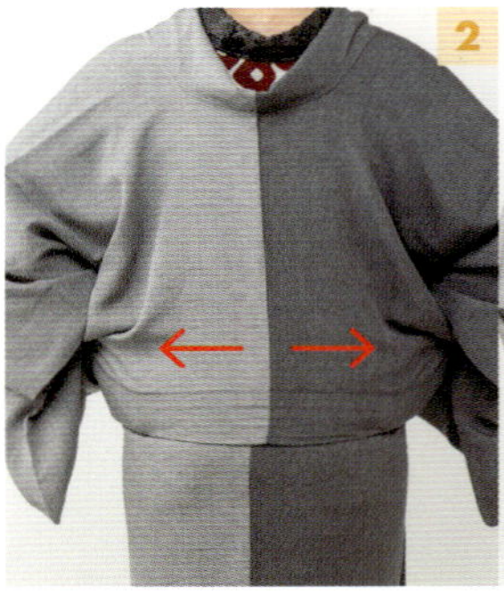

スーッと手刀を切る

technic 6 衿幅を調節して上半身痩せ

幅を調節できる広衿仕立ての着物は、体型に応じて衿幅を変えてみましょう。肩幅のある人や胸が大きい人は、衿幅を広めに出します。すると目の錯覚で、衿と身頃の境界線から肩までの距離が短く見え、肩幅や胸回りが目立たなくなり、上半身を華奢に見せることができるのです。

衿幅が広い
肩幅が狭く見える

衿幅が狭い
肩幅が広く見える

technic 7 長すぎるおはしょりを短くしてお腹痩せ

長すぎるおはしょりはぽっこりお腹に

お腹が目立ったり、足が短く見えないよう、長すぎるおはしょりは短くします。とくに生地に厚みがある着物や浴衣は、三角上げ（p.126参照）をして、おはしょりを一枚にしてから短く上げるといいでしょう。

NG!

Advice

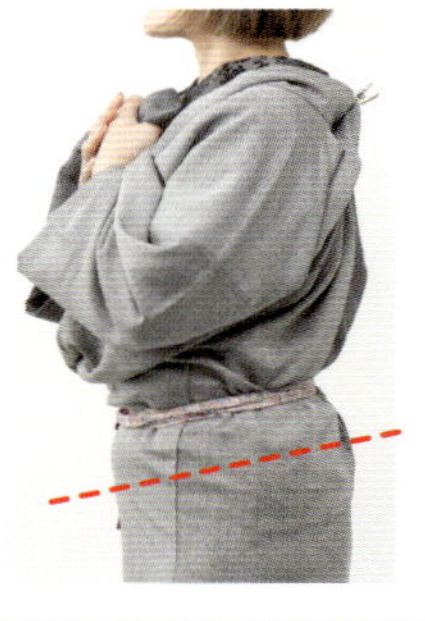

腰紐を後ろ高く締めることで、後ろのおはしょりだけを短くすることができます。

縫い目をつまんで上げる

縫い目をつまみ上げておはしょりの長さを調節し、和装クリップでとめておきます。

↓

伊達締めを締める

伊達締めを締めたらクリップを外し、伊達締めの上側の布を下ろして引き、布目を整えます。

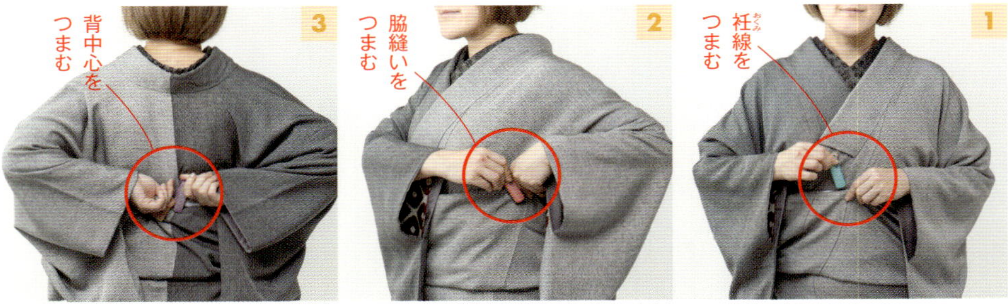
1
衽《おくみ》線をつまむ
2
脇縫いをつまむ
3
背中心をつまむ

4
5
6

technic 8 天使の羽根で背中痩せ

着物には残していいシワと取るべきシワがあります。そして、洋服を着たときに肩甲骨が出ているほうが華奢に見えるように、着物でも肩甲骨付近に縦に入るシワは残したほうが背中がほっそり見えるのです。オハラ流ではこのシワのことを「天使の羽根」と呼んでいます。

シワを残す
（天使の羽根）
中央のシワは脇にしごいてしっかり取る

伊達締めを締めたら片側ずつシワを左右にしごきます。このとき脇にしごきすぎず天使の羽根を残します。最後に中央から3ヶ所に分けておはしょりを引きます。

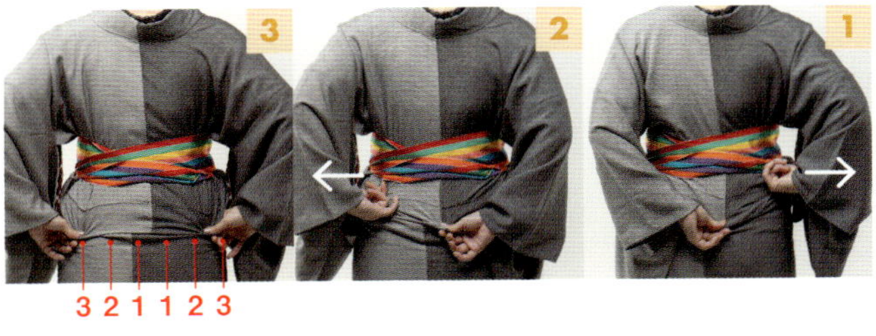
1
2
3
3 2 1 1 2 3

長襦袢の着付け

着付けの土台となる長襦袢の着付けは、いかに体と長襦袢の間にすき間ができないよう着付けるかがポイントになります。

1 衣紋を抜く

ほっそり point!

肌着を着て長襦袢を羽織ったら、両衿先を合わせてから胸の前で両衿を片手で、もう片方の手で背中心を持ちます。衿を持つ手を上げて背中心を下げ、抜きたい大きさよりも大きめに衣紋を抜きます。

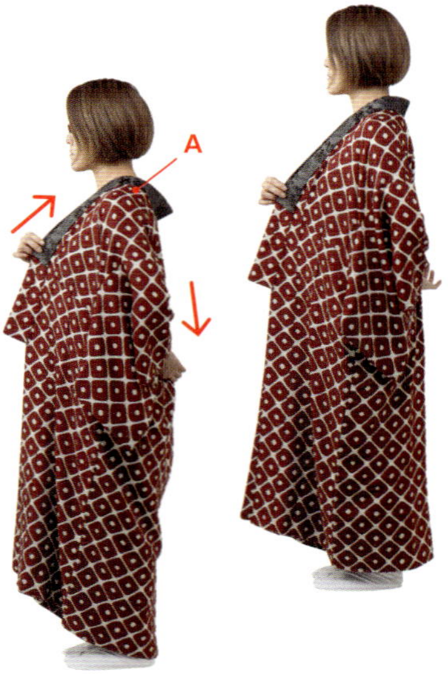

2 衿を深く合わせる

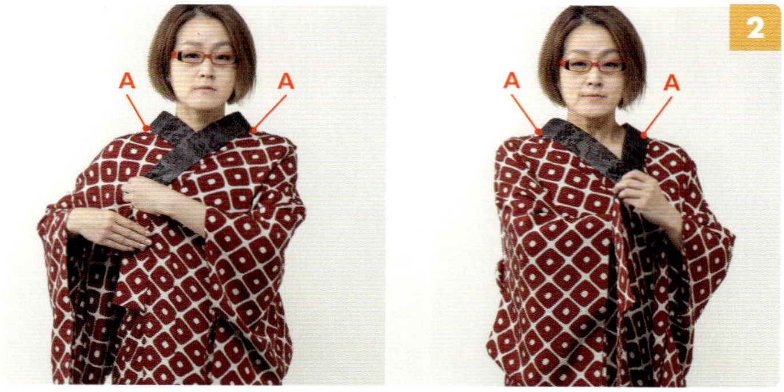

Aの位置がずれないよう気をつけながら、衿を下前、上前の順にバストを包むように脇に向かって深く合わせます。

着付けの前に補整します

反り腰の人はとくに補整をしておくと、帯を締めたときに後ろのおはしょりにへこみができにくくなります。

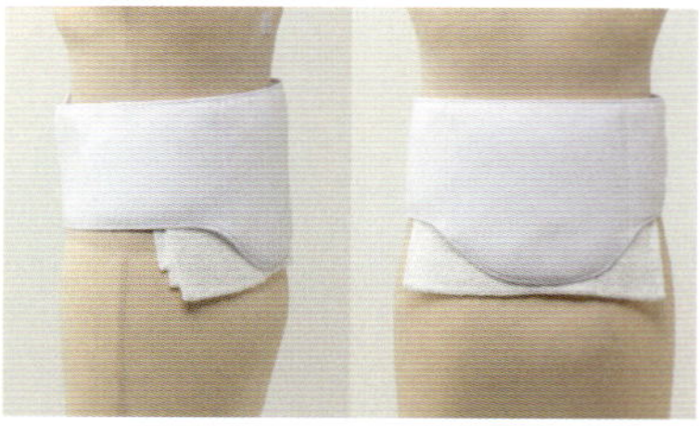

長方形のタオルまたは手ぬぐいを、段違いになるよう折りたたみます。
腰のへこんでいるところがいちばん厚くなるよう、ウエストラインから下の腰にタオルを当ててから、腰パッドをつけます。

3 胸紐を結ぶ

胸紐の真ん中を右脇のアンダーバストに当てます。左側の紐を空気を抜くようにスライドさせて背中に回し、続いて右の紐を後ろへ回したら、持ち手を逆にして交差させ、体の近くでゆっくりと締めます。前で紐を結び、あまりは紐にからげます。

4 伊達締めを結ぶ

伊達締めを胸に当ててから腰紐の上まですべらせます。後ろへ回したら交差させ、軽く締めます。前で結んであまりはからげてしまいます。結び目は下から伊達締めの内側に隠します。

5 背中のシワを取る

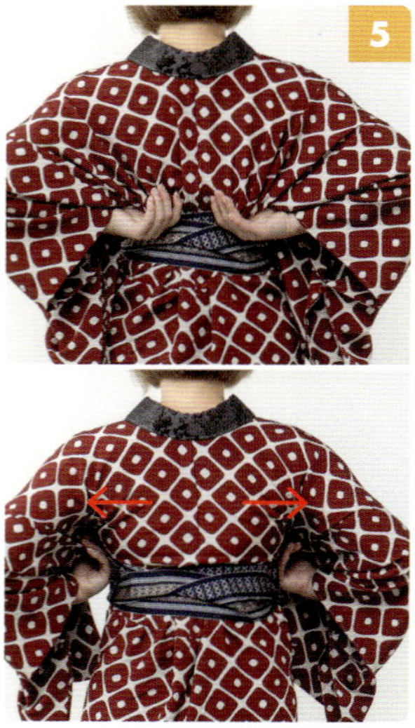

左右の身八つ口から親指を深く差し入れて長襦袢をつかみ、左右に引いて背中のシワを取ります。

6 腰回りのシワを取る

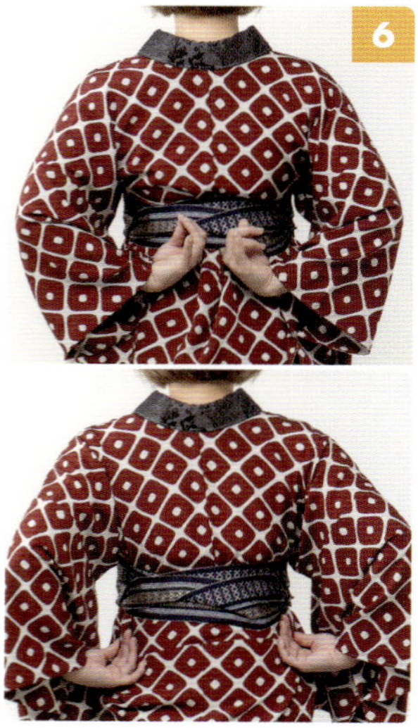

伊達締めと胸紐の下側の中央に両方の人差し指を入れて左右にしごき、シワを取ります。

ほっそりpoint!

7 3ヶ所を下に引く

両方の衿肩あきからまっすぐに下がったところを下に引きます。次に3cmほど外側にずらしたところ、最後にさらに3cmほど外側にずらしたところを下に引きます。

8 下前を引く

下前の衿をしっかりと押さえたまま、下前の衿先を斜め後方に引きます。さらに体の中央、脇の順に下前を下に引きます。

9 上前を引く

下前と同様に、上前の衿をしっかりと押さえたまま、上前の衿先を斜め後方に、さらに体の中央、脇の順に上前を下に引きます。

10 伊達締めの上側のシワを取る

伊達締めの上側に親指を入れて、左右にしごいてシワを取ります。

11 伊達締めの下側のシワを取る

伊達締めの下側に親指以外の指を入れて左右にしごいてシワを取れば、長襦袢の着付けは完成です。

着物の着付け

着物の着付けは手順以外の無駄な動きをしないこと。ひとつずつ確実に動作をすることで、時短着付けになり、着崩れを防ぐことにもつながります。浴衣の着付けもポイントは、ほぼ同じになります。

1 衿先と背中心を持つ

着物を羽織ったら、片手で左右の衿先から手幅ひとつ分のところを、もう片方の手で背中心を持ちます。

2 裾線を決める

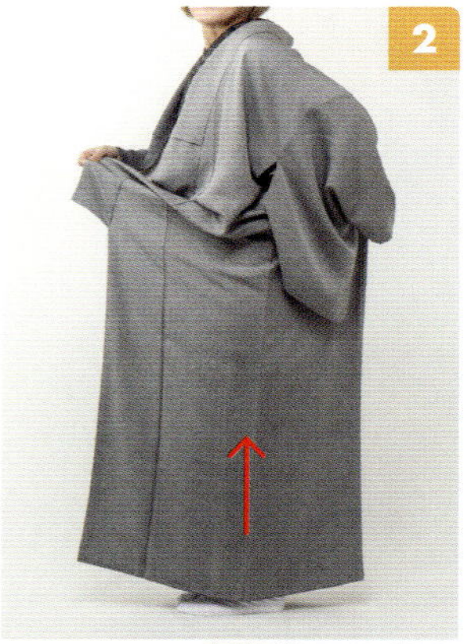

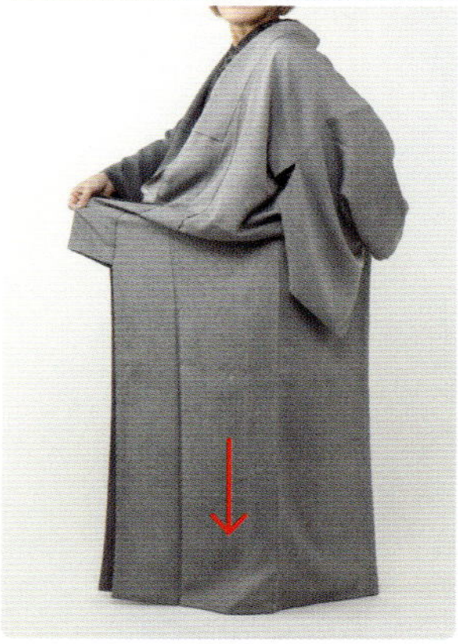

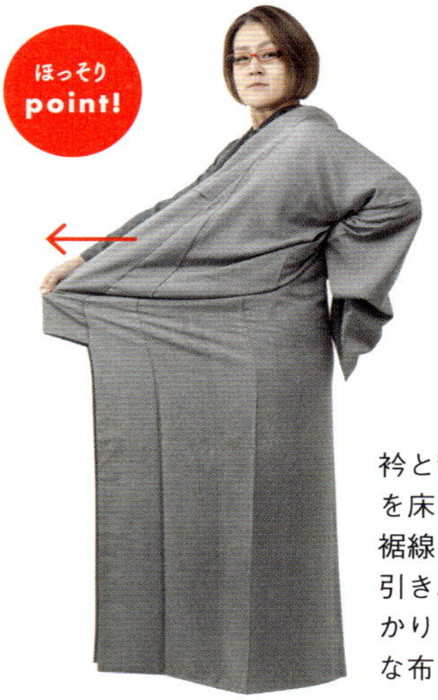

衿と背中心を同時に持ち、裾線を床スレスレを目安に決めます。裾線をキープしたまま衿を前に引き、後ろ身頃をおしりにしっかりとつけます。腰回りの余分な布は上へ引き上げます。

3 上前幅を決める

前に引いたまま親指を内側にして、左右の衿を両手でそれぞれ持ちます。両手を45度広げます。上前の脇縫いが体の真横にくるよう調節して体に合わせ、幅を確認します。このとき衿先は腰よりもやや後ろにつくくらいがベストです。

4 下前を合わせる

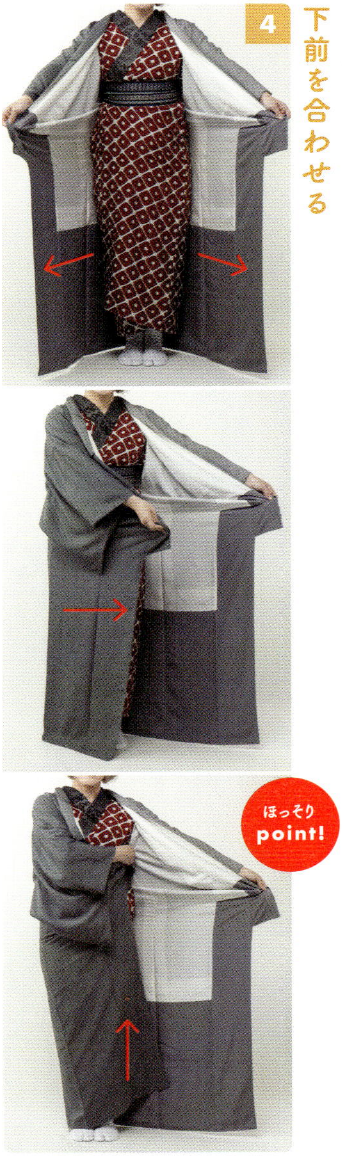
ほっそり
point!

上前がずれないよう静かに手を広げ、下前を水平に体に合わせます。衿先を脇に向かって思い切り上げげて、下前の褄先を上げます。

5 上前を合わせる

上前の衿先は写真のように、腰よりもやや後方につくくらいになるよう合わせます。

6 腰回りを整える

ほっそり
point!

腰紐が通るラインを意識しながら、腰回りの余分な布を前後ともに上へ上げてスッキリとさせます。

7 腰紐を締める

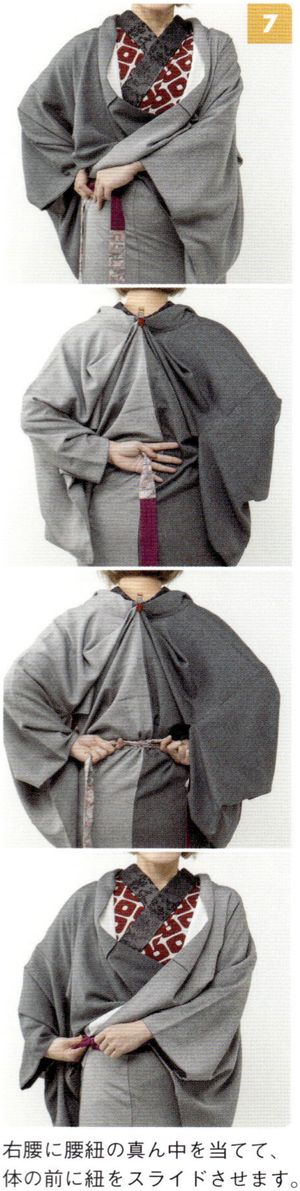

右腰に腰紐の真ん中を当てて、体の前に紐をスライドさせます。左側の紐だけ後ろへ回し、続いて右側の紐を後ろへ回して交差させ、体の近いところで背骨を締めるイメージでゆっくりと締め、前へ回し右前で結びます。

8 シワを取る

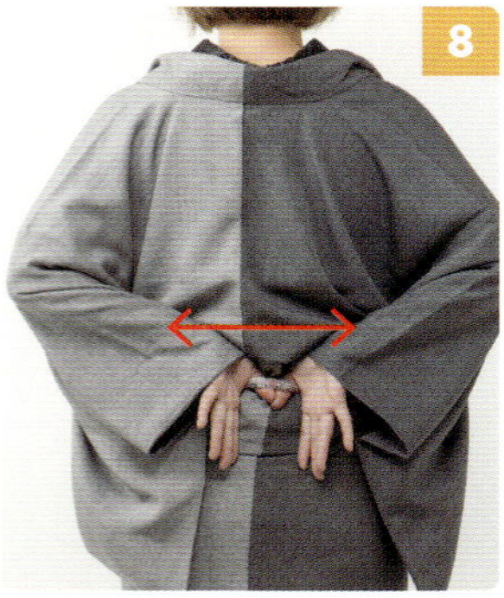

後ろの腰紐に両方の親指を入れて、中央から肩甲骨の延長線上までしごいてシワを取ります。

9 下前の衿先を整える

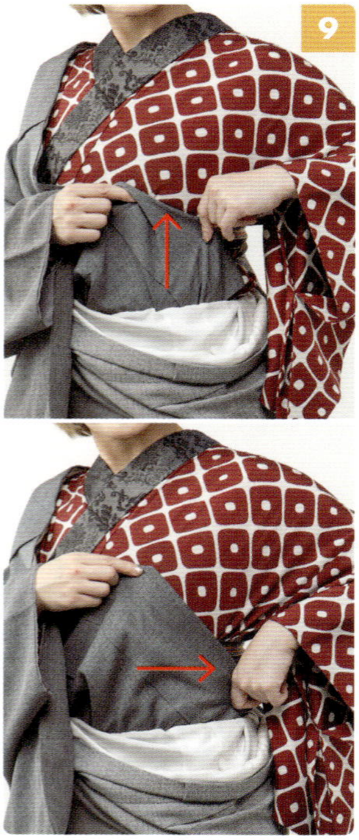

腰紐の上に下前の衿先が出るよう引き上げてから、後方へ引いて布目を整えます。
※写真ではわかりやすいよう上前を脱いでいます。

10 腰紐のゆるみを締め直す

結び目に親指を入れて紐を前へスライドさせて、腰紐のゆるみを締め直します。

11 衣紋を抜き直す

長襦袢のプロセス**7**を繰り返して、衣紋を抜き直します。

ほっそり point!

12 後ろのおはしょりを整える

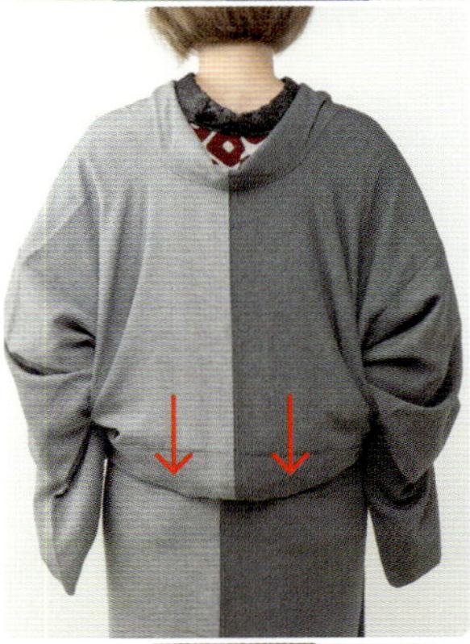

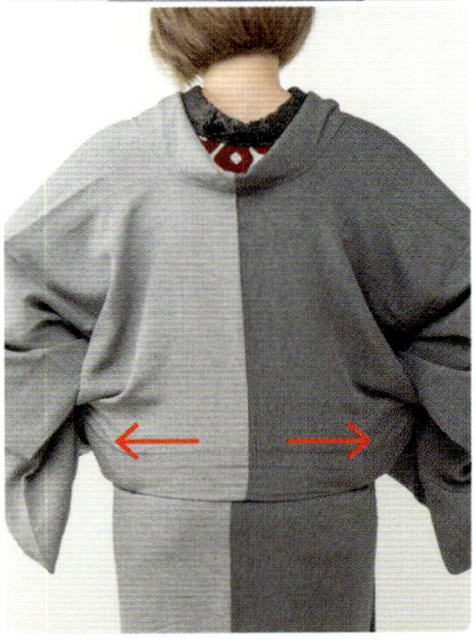

左右の身八つ口から手を入れて後ろへ回し、手のひらを外側に向けて手刀を切るように指先を一気にすべらせて後ろのおはしょりを整えます。

13 衿を整える

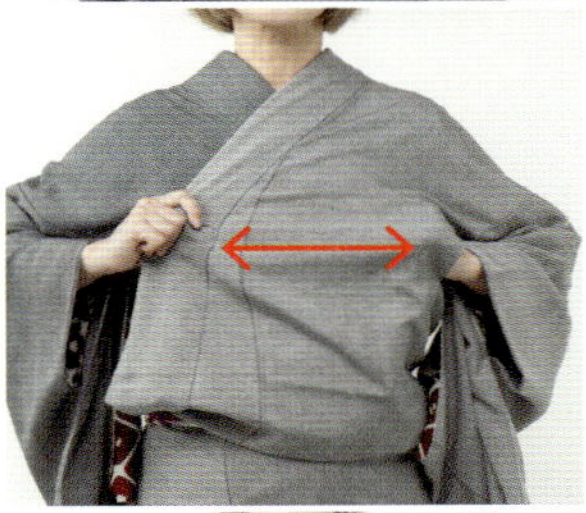

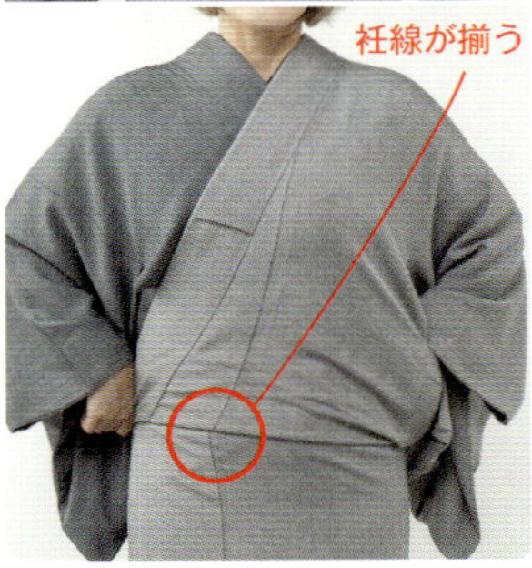

簡単に衿を整えたら、左手を身八つ口から入れて下前の掛け衿を、右手は上前の掛け衿を持ちます。まず両脇を目指して深く合わせ、次に両手を腰骨に向かって斜め下にすべらせながら空気を抜き、最後におはしょりの底まで手を移動させて衿を深く合わせます。

14 前のおはしょりを整える

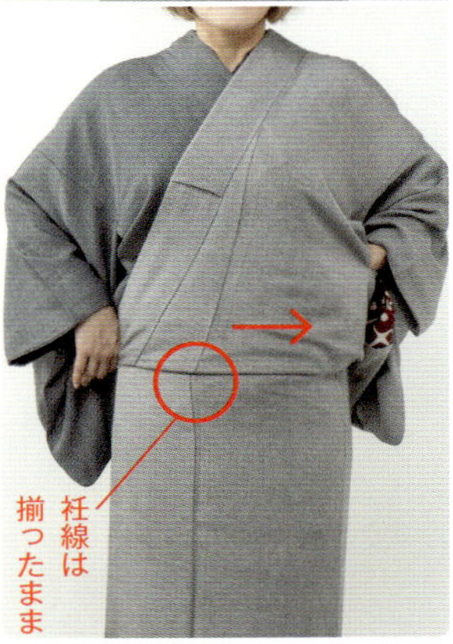

右手で上前の衿を押さえたまま、左手で前のおはしょりの底に手刀を切ります。**13**で揃った衽線がずれないよう気をつけます。

15 三角上げをする

アンダーバストよりも少し下で、下前の衿幅を2㎝内側に折ります。続いて左手を脇まで滑らせて、下前の衿をなでつけます。その後写真のように三角上げをします。

16 上前の衿を整える

上前の衿も、アンダーバストよりもやや下で衿幅を2㎝内側に折り、手のひらで衿をなでつけて整えます。

17 胸紐を締める

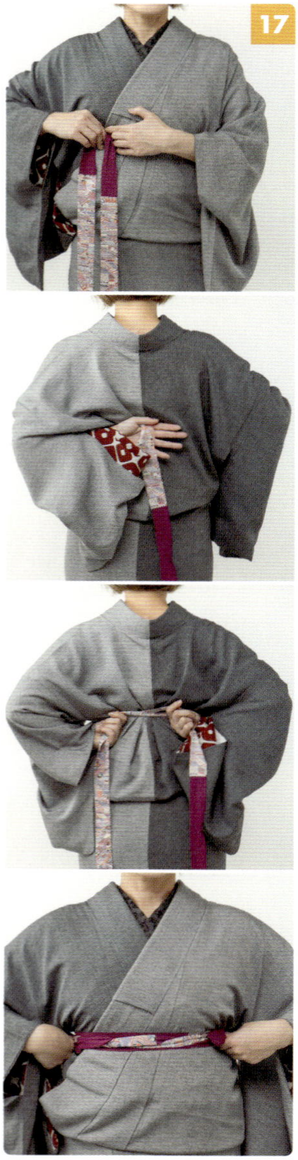

胸紐の真ん中を右脇に当てて体の前にスライドさせ、片側ずつ後ろへ回します。後ろで交差させて軽く締め、前に回して体の中央よりやや右で結び、余った紐はからげてしまいます。

ほっそり point!

18 伊達締めを締める

伊達締めを上から滑らせ、おへその位置で締めます。

19 シワを整える

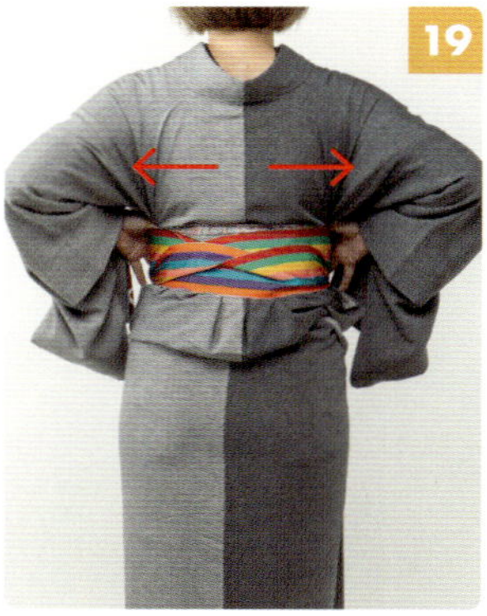

後ろの身八つ口から親指を深く差し入れます。背中の着物をつかみ、左右にスライドさせてシワを脇に寄せます。

ほっそりpoint!

20 天使の羽根を作る

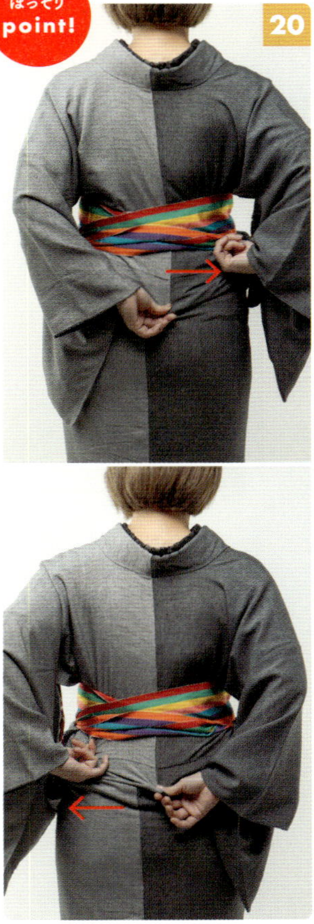

背中心がずれないよう押さえながら、片側ずつ伊達締めの下側に人差し指を入れて脇までしごき、天使の羽根（p.117参照）を作ります。

21 衣紋を抜き直す

後ろのおはしょりの底を持ち、衿肩あきの真下、3㎝外側にずらしたところ、さらに3㎝ずらしたところの3ヶ所を下に引いて、衣紋を抜き直します。

22 シワを取る

前の伊達締めの上側から親指を入れて左右にしごき、下側は親指以外の指を入れて横にスライドさせてシワを取り、中央から横にずらしながら3ヶ所おはしょりを下に引いて上半身のシワを取ります。最後に長襦袢を3回引きます（p.120参照）。

撮影／岡田ナツコ（Studio Mug）
ブックデザイン／宮巻 麗
ヘア＆メイク／瑳峨直美
校正／株式会社円水社
DTP ／株式会社明昌堂
編集／富士本多美
　　　富岡啓子（世界文化社）

★本書は『ふだん着物のらくらく結び 半幅帯と兵児帯』（2016年刊）、『ほっそり見える！ 素敵な大人の半幅帯』（2019年刊）を再編集したものです。

オハラリエコ

RICO STYLE 主宰。兵庫県・神戸市元町にある着付け教室で、初心者さんから着物達人さんまで「絶対に忘れない・スッキリ着付け」レッスンを開催中。元バイヤーの経験を活かし、着物全般の疑問や悩みにも対応。「もっと自由に・堂々と・自分らしく」。2014 年に「大人女子・働く女性がアガる着物」をコンセプトに、カジュアル着物ブランドを発表。
「ボッチ旅（国内外問わず）」を愛し、「旅先きもの」を推奨中。

HP　https://www.ohara-kimono.jp
Instagram　https://www.instagram.com/ohararieko1207

@oharariekо1207

いちばん親切な着物の教科書
ほっそり見えてお洒落！
大人の半幅帯＆兵児帯結び

監修／オハラリエコ

発行日／ 2024 年11月25日　初版第 1 刷発行

発行者／岸 達朗
発　行／株式会社世界文化社
〒102-8187
東京都千代田区九段北 4-2-29
03（3262）5124（編集部）
03（3262）5115（販売部）

印刷・製本／株式会社リーブルテック

ISBN978-4-418-24421-8